Charles Péguy

Notre Jeunesse

Défense d'Alfred Dreyfus

 Le code de la propriété intellectuelle du 1er juillet 1992 interdit en effet expressément la photocopie à usage collectif sans autorisation des ayants droit. Or, cette pratique s'est généralisée dans les établissements d'enseignement supérieur, provoquant une baisse brutale des achats de livres et de revues, au point que la possibilité même pour les auteurs de créer des œuvres nouvelles et de les faire éditer correctement est aujourd'hui menacée. En application de la loi du 11 mars 1957, il est interdit de reproduire intégralement ou partiellement le présent ouvrage, sur quelque support que ce soit, sans autorisation de l'Éditeur ou du Centre Français d'Exploitation du Droit de Copie, 20, rue Grands Augustins, 75006 Paris.

ISBN : 978-3-98881-443-2

10 9 8 7 6 5 4 3 2 1

Charles Péguy

Notre Jeunesse

Défense d'Alfred Dreyfus

Table de Matières

Notre Jeunesse   6

Notre Jeunesse

Une famille de républicains fouriéristes. – les Milliet. – Après tant d'heureuses rencontres, après les cahiers de Vuillaume c'est une véritable bonne fortune pour nos *cahiers* que de pouvoir commencer aujourd'hui la publication de ces archives d'une famille républicaine. Quand M. Paul Milliet m'en apporta les premières propositions, avec cette inguérissable modestie des gens qui apportent vraiment quelque chose il ne manqua point de commencer par s'excuser, disant : Vous verrez. Il y a là dedans des lettres de Victor Hugo, de Béranger. (Il voulait par là s'excuser d'abord sur ce qu'il y avait, dans les papiers qu'il m'apportait, des *documents* sur les grands hommes, provenant de grands hommes, des documents *historiques*, sur les hommes *historiques*, et, naturellement, des documents inédits.) Il y a des lettres de la conquête de l'Algérie, de l'expédition du Mexique, de la guerre de Crimée. (Ou peut-être plutôt de la guerre d'Italie.) (Il voulait s'excuser par là, alléguer qu'il y avait, dans ces papiers, des documents *historiques*, sur les grands événements de *l'histoire*, provenant, venant directement des grands événements et naturellement des documents authentiques, et naturellement des documents inédits.) Je lui répondis non.

Je lui dis non vous comprenez. Ne vous excusez pas. Glorifiez-vous au contraire. Des lettres de Béranger, des lettres de Victor Hugo, il y en a plein la chambre. Nous en avons par-dessus la tête. Il y en a plein les bibliothèques et c'est même de cela (et pour cela) que les bibliothèques sont faites. C'est même de cela que les bibliothécaires aussi sont faits. Et nous autres aussi les amis des bibliothécaires. Nous en avons nous en avons nous en avons. On nous en publie encore tous les jours. Et quand il n'y en aura plus on en publiera encore. Parce que, dans le besoin, nous en ferons. Que dis-je, nous en faisons, on en fait. Et la famille nous aidera à en faire. Parce que ça fera toujours des droits d'auteur à toucher.

Mais ce que nous voulons avoir, *ce que nous ne pouvons pas faire*, c'est précisément les lettres de gens qui ne sont pas Victor Hugo. Quinet, Raspail, Blanqui, – Fourier –, c'est très bien. Mais ce que nous voulons savoir, c'est exactement, c'est précisément quelles troupes avaient derrière eux, quelles admirables troupes, ces penseurs et ces chefs républicains, grands fondateurs de la République.

Voilà ce que nous voulons avoir, ce que nul ne peut faire, ce que nul ne peut controuver.

Sur les grands patrons, sur les chefs l'histoire nous renseignera toujours, tant bien que mal, plutôt mal que bien, c'est son métier, et à défaut de l'histoire les historiens, et à défaut des historiens les professeurs (d'histoire). Ce que nous voulons savoir et ce que nous ne pouvons pas inventer, ce que nous voulons connaître, ce que nous voulons apprendre, ce n'est point les premiers rôles, les grands masques, le grand jeu, les grandes marques, le théâtre et la représentation ; ce que nous voulons savoir c'est ce qu'il y avait derrière, ce qu'il y avait dessous, comment était fait ce peuple de France, enfin ce que nous voulons savoir c'est quel était, en cet âge héroïque, le *tissu* même du peuple et du parti républicain. Ce que nous voulons faire, c'est bien de *l'histologie* ethnique. Ce que nous voulons savoir c'est de quel tissu était tissé, tissu ce peuple et ce parti, comment vivait une famille républicaine *ordinaire*, moyenne pour ainsi dire, obscure, prise au hasard, pour ainsi dire, prise dans le tissu ordinaire, prise et taillée à plein drap, à même le drap, ce qu'on y croyait, ce qu'on y pensait, – ce qu'on y faisait, car c'étaient des hommes d'action, – ce qu'on y écrivait ; comment on s'y mariait, comment on y vivait, de quoi, comment on y élevait les enfants ; – comment on y naissait, d'abord, car on naissait, dans ce temps-là ; – comment on y travaillait ; comment on y parlait ; comment on y écrivait ; et si l'on y faisait des vers quels vers on y faisait ; dans quelle terre enfin, dans quelle terre commune, dans quelle terre ordinaire, sur quel terreau, sur quel terrain, dans quel terroir, sous quels cieux, dans quel climat poussèrent les grands poètes et les grands écrivains. Dans quelle terre de pleine terre poussa cette grande République. Ce que nous voulons savoir, c'est ce que c'était, c'est quel était le tissu même de la bourgeoisie, de la République, du peuple quand la bourgeoisie était grande, quand le peuple était grand, quand les républicains étaient héroïques et que la République avait les mains pures. Pour tout dire quand les républicains étaient républicains et que la république était la république. Ce que nous voulons voir et avoir ce n'est point une histoire endimanchée, c'est l'histoire de tous les jours de la semaine, c'est un peuple dans la texture, dans la tissure, dans le tissu de sa quotidienne existence, dans l'acquêt, dans le gain, dans le labeur du pain de chaque jour, *panem quotidianum*, c'est une race dans son réel, dans son épanouissement profond.

Maintenant s'il y a des lettres de Victor Hugo et des vers de Béranger, nous ne ferons pas exprès de les éliminer. D'abord Hugo et Béranger sortaient de ces gens-là. Mais avec ces familles-là il faut toujours se méfier des procès.

Comment vivaient ces hommes qui furent nos ancêtres et que nous reconnaissons pour nos maîtres. Quels ils étaient profondément, communément, dans le laborieux train de la vie ordinaire, dans le laborieux train de la pensée ordinaire, dans l'admirable train du dévouement de chaque jour. Ce que c'était que le peuple du temps qu'il y avait un peuple. Ce que c'était que la bourgeoisie du temps qu'il y avait un bourgeoisie. Ce que c'était qu'une race du temps qu'il y avait une race, du temps qu'il y avait cette race, et qu'elle poussait. Ce que c'était que la conscience et cœur d'un peuple, d'une bourgeoisie et d'une race. Ce que c'était que la République enfin du temps qu'il avait une République : voilà ce que nous voulons savoir ; voilà très précisément ce que M. Paul Milliet nous apporte.

Comment travaillait ce peuple, qui aimait le travail, *universus universum*, qui tout entier aimait le travail tout entier, qui était laborieux et encore plus travailleur, qui se délectait à travailler, qui travaillait tout entier ensemble, bourgeoisie et peuple, dans la joie et dans la santé ; qui avait un véritable culte du travail ; un culte, une religion du travail bien fait. Du travail fini. Comment tout un peuple, toute une race, amis, ennemis, tous adversaires, tous profondément amis, était gonflée de sève et de santé et de joie, c'est ce que l'on trouvera dans les archives, parlons modestement dans les papiers de cette famille républicaine.

On y verra ce que c'était qu'une culture, comment c'était infiniment autre (infiniment plus précieux) qu'une science, une archéologie, un enseignement, un renseignement, une érudition et naturellement un système. On y verra ce que c'était que la culture du temps que les professeurs ne l'avaient point écrasée. On y verra ce que c'était qu'un peuple du temps que le primaire ne l'avait point oblitéré.

On y verra ce que c'était qu'une culture du temps qu'il y avait une culture ; comment c'est presque indéfinissable, tout un âge, tout un monde dont aujourd'hui nous n'avons plus l'idée.

On y verra ce que c'était que la moelle même de notre race, ce que c'était que le tissu cellulaire et médullaire. Ce qu'était une famille française. On y verra des caractères. On y verra tout ce que nous ne voyons plus, tout ce que nous ne voyons pas aujourd'hui. Comment les enfants faisaient leurs études du temps qu'il y avait des études.

Enfin tout ce que nous ne voyons plus aujourd'hui.

On y verra dans le tissu même ce que c'était qu'une cellule, une famille ; non point une de ces familles qui fondèrent des dynasties, les grandes dynasties républicaines ; mais une de ces familles qui étaient comme des dynasties de peuple *républicaines*. Les dynasties du tissu commun de la République.

Ces familles qui justement comptent pour nous parce qu'elles sont du tissu commun.

Un certain nombre, un petit nombre peut-être de ces familles, de ces communes dynasties, s'alliant généralement entre elles, se tissant elles-mêmes entre elles comme des fils, par filiation, par alliance ont fait, ont fourni toute l'histoire non pas seulement de la République, mais du peuple de la République. Ce sont ces familles, presque toujours les mêmes familles, qui ont tissé l'histoire de ce que les historiens nommeront le mouvement républicain et que nous nommerons résolument, qu'il faut nommer la publication de la mystique républicaine. L'affaire Dreyfus aura été le dernier sursaut, le soubresaut suprême de cet héroïsme et de cette mystique, sursaut héroïque entre tous, elle aura été la dernière manifestation de cette race, le dernier effort, d'héroïsme, la dernière manifestation, la dernière publication de ces familles.

Halévy croirait aisément, et je croirais bien volontiers avec lui qu'un petit nombre de familles fidèles ayant fondé la République, l'ont ainsi maintenue et sauvée, la maintiennent encore. La maintiennent-elle autant ? À travers tout un siècle et plus, en un certain sens, presque depuis la deuxième moitié du dix-huitième siècle. Je croirais bien volontiers avec lui qu'un petit nombre de fidélités familiales, dynastiques, héréditaires ont maintenu, maintiennent la tradition, la mystique et ce que Halévy nommerait très justement la *conservation* républicaine. Mais où je ne croirais peut-être pas avec lui, c'est que je crois que nous en sommes littéralement les derniers représentants, et à moins que nos enfants ne s'y mettent, presque les survivants, posthumes.

En tout cas les derniers *témoins*.

Je veux dire très exactement ceci : nous ne savons pas encore si nos enfants renoueront le fil de la tradition, de la conversation républicaine, si se joignant à nous par-dessus la génération intermédiaire ils maintiendront, ils retrouveront le sens et l'instinct de la mystique républicaine. Ce que nous savons, ce que nous voyons, ce que nous connaissons de toute certitude, c'est que pour l'instant nous sommes l'arrière-garde.

Pourquoi le nier. Toute la génération intermédiaire a perdu le sens républicain, le goût de la République, l'instinct, plus sûr que toute connaissance, l'instinct de la mystique républicaine. Elle est devenue totalement étrangère à cette mystique. La génération intermédiaire, et ça fait vingt ans.

Vingt-cinq ans d'âge et au moins vingt ans de durée.

Nous sommes l'arrière-garde ; et non seulement une arrière-garde, mais une arrière-garde un peu isolée, quelquefois presque abandonnée. Une troupe en l'air. Nous sommes presque des *spécimens*. Nous allons être, nous-mêmes nous allons être des archives, des archives et des tables, des fossiles, des témoins, des survivants de ces âges historiques. Des tables que l'on consultera.

Nous sommes extrêmement mal situés. Dans la chronologie. Dans la succession des générations. Nous sommes une arrière-garde mal liée, non liée au gros de la troupe, aux générations antiques. Nous sommes la dernière des générations qui ont la mystique républicaine. Et notre affaire Dreyfus aura été la dernière des opérations de la mystique républicaine.

Nous sommes les derniers. Presque les après-derniers. Aussitôt après nous commence un autre âge, un tout autre monde, le monde de ceux qui ne croient plus à rien, qui s'en font gloire et orgueil.

Aussitôt après nous commence le monde que nous avons

nommé, que nous ne cesserons pas de nommer le monde moderne. Le monde qui fait le malin. Le monde des intelligents, des avancés, de ceux qui savent, de ceux à qui on n'en remontre pas, de ceux à qui on n'en fait pas accroire. Le monde de ceux à qui on n'a plus rien à apprendre. Le monde de ceux qui font le malin. Le monde de ceux qui ne sont pas des dupes, des imbéciles. Comme nous. *C'est-à-dire* : le monde de ceux qui ne croient à rien, pas même à l'athéisme, qui ne se dévouent, qui ne se sacrifient à rien. *Exactement* : le monde de ceux qui n'ont pas de mystique. Et qui s'en vantent. Qu'on ne s'y trompe pas, et que personne par conséquent ne se réjouisse, ni d'un côté ni de l'autre. Le mouvement de *dérépublicanisation* de la France est profondément le même mouvement que le mouvement de sa *déchristianisation*. C'est ensemble un même, un seul mouvement profond de *démystication*. C'est du même mouvement profond, d'un seul mouvement, que ce peuple ne croit plus à la République et qu'il ne croit plus à Dieu, qu'il ne veut plus mener la vie républicaine, et qu'il ne veut plus mener la vie chrétienne, (qu'il en a assez), on pourrait presque dire qu'il ne veut plus croire aux idoles et qu'il ne veut plus croire au vrai Dieu. *La même* incrédulité, *une seule* incrédulité atteint les idoles et Dieu, atteint ensemble les faux dieux et le vrai Dieu, les dieux antiques, le Dieu nouveau, les dieux anciens et le Dieu des chrétiens. Une même stérilité dessèche la cité et la chrétienté. La cité politique et la cité chrétienne. La cité des hommes et la cité de Dieu. C'est proprement la stérilité moderne. Que nul donc ne se réjouisse, voyant le malheur qui arrive à l'ennemi, à l'adversaire, au voisin. Car *le même* malheur, *la même* stérilité lui arrive. Comme je l'ai mis tant de fois dans ces cahiers, du temps qu'on ne me lisait pas, le débat n'est pas proprement entre la République et la Monarchie, entre la République et la Royauté, surtout si on les considère comme des formes politiques, comme deux formes politiques, il n'est point seulement, il n'est point exactement entre l'ancien régime et le nouveau régime français, le monde moderne ne s'oppose pas seulement à l'ancien régime français, il s'oppose, il se contrarie à toutes les anciennes cultures ensemble, à tous les anciens régimes ensemble, à toutes les anciennes cités ensemble, à tout ce qui est culture, à tout ce qui est cité. C'est en effet la première fois dans l'histoire du monde que tout un monde vit et prospère, *paraît* prospérer *contre toute culture*.

Que l'on m'entende bien. Je ne dis pas que c'est pour toujours. Cette race en a vu bien d'autres. Mais enfin c'est pour le temps présent.

Et nous y sommes.

Nous avons même des raisons très profondes d'espérer que ce ne sera pas pour longtemps.

Nous sommes extrêmement mal situés. Nous sommes en effet historiquement situés à un point critique, à un point de discernement, à ce point de discrimination. Nous sommes situés juste entre les générations qui ont la mystique républicaine et celles qui ne l'ont pas, entre celles qui l'ont encore et celles qui ne l'ont plus. Alors personne ne veut nous croire. Des deux côtés. *Neutri*, ni les uns ni les autres des deux. Les vieux républicains ne veulent pas croire qu'il n'y a plus des jeunes républicains. Les jeunes gens ne veulent pas croire qu'il y a eu des vieux républicains.

Nous sommes entre les deux. Nul ne veut donc nous croire. Ni les uns ni les autres. Pour tous les deux nous avons tort. Quand nous disons aux vieux républicains : Faites attention, après nous il n'y a personne, ils haussent les épaules. Ils croient qu'il y en aura toujours. Et quand nous disons aux jeunes gens : Faites attention, ne parlez point si légèrement de la République, elle n'a pas toujours été un amas de politiciens, elle a derrière elle une mystique, elle a en elle une mystique, elle a derrière elle tout un passé de gloire, tout un passé d'honneur, et ce qui est peut-être plus important encore, plus près de l'essence, tout un passé de race, d'héroïsme, peut-être de sainteté, quand nous disons cela aux jeunes gens, ils nous méprisent doucement et déjà nous traiteraient de vieilles barbes.

Ils nous prendraient pour des maniaques.

Je répète que je ne dis point que c'est pour toujours. Les raisons les plus profondes, les indices les plus graves nous font croire au contraire, nous forcent à penser que la génération suivante, la génération qui vient après celle qui vient immédiatement après nous, et qui bientôt sera la génération de nos enfants, va être enfin une génération mystique. Cette race a trop de sang dans les veines pour demeurer l'espace de plus d'une génération dans les cendres et dans les moisissures de la critique. Elle est trop vivante pour ne pas se réintégrer, au bout d'une génération, dans l'organique.

Tout fait croire que les deux mystiques vont refleurir à la fois, la républicaine et la chrétienne. Du même mouvement. D'un seul mouvement profond comme elles disparaissaient ensemble, (momentanément), comme ensemble elles s'oblitéraient. Mais enfin ce que je dis vaut pour le temps présent, pour tout le temps présent. Et dans l'espace d'une génération il peut se produire tout de même bien des événements.

Il peut arriver des malheurs.

Telle est notre maigre situation. Nous sommes maigres. Nous sommes minces. Nous sommes une lamelle. Nous sommes comme écrasés, comme aplatis entre toutes les générations antécédentes, d'une part, et d'autre part une couche déjà épaisse des générations suivantes. Telle est la raison principale de notre maigreur, de la petitesse de notre situation. Nous avons la tâche ingrate, la maigre tâche, le petit office, le maigre devoir de faire communiquer, par nous, les uns avec les autres, d'assurer la communication entre les uns et les autres, d'avertir les uns et les autres, de renseigner les uns sur les autres. Nous serons donc généralement conspués de part et d'autre. C'est le sort commun de quiconque essaie de dire un peu de vérité(s).

Nous sommes chargés, comme par hasard, de faire communiquer par nous entre eux des gens qui précisément ne veulent pas communiquer. Nous sommes chargés de renseigner des gens qui précisément ne veulent pas être renseignés.

Telle est notre ingrate situation.

Nous retournant donc vers les anciens, nous ne pouvons pourtant dire et faire, nous ne pouvons que répéter à ces républicains antécédents : Prenez garde. Vous ne soupçonnez pas, vous ne pouvez pas imaginer à quel point vous n'êtes pas suivis, à quel point nous sommes les derniers, à quel point votre régime se creuse en dedans, se creuse par la base. Vous tenez la tête, naturellement, vous tenez le faîte. Mais toute année qui vient, toute année qui passe vous pousse d'un cran, fait de votre faîte une pointe plus amincie, plus tremblante, plus seulette, plus creusée en dessous. Et déjà dix, quinze, bientôt vingt annuités, annualités de jeunes gens vous manquent à la base.

Vous tenez la pointe, vous tenez le faîte, vous tenez la tête, mais ce n'est qu'une position de temps, une situation comme géographique, historique, temporelle, temporaire, chronologique, chronographique. Ce n'est qu'une situation par le fait de la situation. Ce n'est pas, ce n'est nullement une situation organique. La situation à la pointe, la situation de pointe du bourgeon qui organiquement, végétalement mène l'arbre, tire tout l'arbre à lui. Et par où il a passé tout l'arbre passera.

Je suis épouvanté quand je vois, quand je constate simplement ce que nos anciens ne veulent pas voir, ce qui est l'évidence même, ce qu'il suffit de vouloir bien regarder : combien nos jeunes gens sont devenus étrangers à tout ce qui fut la pensée même et la mystique républicaine. Cela se voit surtout, et naturellement, comme cela se voit toujours, à ce que des pensées qui étaient pour nous des pensées sont devenues pour eux des idées, à ce que ce qui était pour nous, pour nos pères, un instinct, une race, des pensées, est devenu pour eux des *propositions*, à ce qui était pour nous organique est devenu pour eux logique.

Des pensées, des instincts, des races, des habitudes qui pour nous étaient la nature même, qui allaient de soi, dont on vivait, qui étaient le type même de la vie, à qui par conséquent on ne pensait même pas, qui étaient plus que légitimes, plus qu'indiscutées : irraisonnées, sont devenues ce qu'il y a de pire au monde : des thèses, historiques, des hypothèses, je veux dire ce qu'il y a de moins solide, de plus inexistant. Des dessous de thèses. Quand un régime, d'organique est devenu logique, et de vivant historique, c'est un régime qui est par terre.

On prouve, on démontre aujourd'hui la République. Quand elle était vivante on ne la prouvait pas.

On la vivait. Quand un régime se démontre, aisément,

commodément, victorieusement, c'est qu'il est creux, c'est qu'il est par terre.

Aujourd'hui la République est une thèse, acceptée, par les jeunes gens. Acceptée, refusée ; indifféremment ; cela n'a pas d'importance ; prouvée, réfutée. Ce qui importe, ce qui est grave, ce qui signifie, ce n'est pas que ce soit appuyé ou soutenu, plus ou moins indifféremment, c'est que ce soit une thèse.

C'est-à-dire, précisément, *qu'il faille* l'appuyer ou la soutenir.

Quand un régime est une thèse, parmi d'autres, (parmi tant d'autres), il est par terre. Un régime qui est debout, qui tient, qui est vivant, n'est pas une thèse.

– Qu'importe, nous disent les politiciens, professionnels. Qu'est-ce que ça nous fait, répondent les politiciens, qu'est-ce que ça peut nous faire. Nous avons de très bons préfets. Alors qu'est-ce que ça peut nous faire. Ça marche très bien. Nous ne sommes plus républicains, c'est vrai, mais nous savons gouverner. Nous savons même mieux gouverner, beaucoup mieux que quand nous étions républicains, disent-ils. Ou plutôt quand nous étions républicains nous ne savions pas du tout. Et à présent, ajoutent-ils modestement, à présent nous savons un peu. Nous avons désappris la République, mais nous avons appris à gouverner. Voyez les élections. Elles sont bonnes. Elles sont toujours bonnes. Elles seront meilleures. Elles seront d'autant meilleures que c'est nous qui les faisons. Et que nous commençons à savoir les faire. La droite a perdu un million de voix. Nous lui en eussions aussi bien fait perdre cinquante millions et demi. Mais nous sommes mesurés. Le gouvernement fait élections, les élections font le gouvernement. C'est un prêté rendu. Le gouvernement fait les électeurs. Les électeurs font le gouvernement. Le gouvernement fait les députés. Les députés font le gouvernement. On est gentil. Les populations regardent. Le pays est prié de payer. Le gouvernement fait la Chambre. La Chambre fait le gouvernement. Ce n'est point un cercle vicieux, comme vous pourriez le croire. Il n'est point du tout vicieux. C'est un cercle, tout court, un circuit parfait, un cercle fermé. Tous les cercles sont fermés Autrement ça ne serait pas des cercles. Ce n'est pas tout à fait ce que nos fondateurs avaient prévu. Mais nos fondateurs ne s'en tiraient pas déjà si bien. Et puis enfin on ne peut pas fonder toujours. Ca fatiguerait. La preuve que ça dure, la preuve que ça tient, c'est que ça dure déjà depuis quarante ans. Il y en a pour quarante siècles. C'est les premiers quarante ans qui sont les plus durs. C'est le premier quarante ans qui coûte. Après on est habitué. Un pays, un régime n'a pas besoin de vous, il n'a pas besoin de mystiques, de mystique, de sa mystique. Ce serait plutôt embarrassant. Pour un aussi grand voyage. Il a besoin d'une bonne politique, c'est-à-dire d'une politique bien gouvernementale.

Ils se trompent. Ces politiciens se trompent. Du haut de cette République quarante siècles (d'avenir) ne les contemplent pas. Si la République marche depuis quarante ans, c'est parce que tout marche depuis quarante ans. Si la République est solide en France, ce n'est pas parce que la République est solide en France, c'est parce que tout est solide partout. Il y a dans l'histoire moderne, et non pas dans toute histoire, il y a pour les peuples modernes de grandes vagues de crises, généralement parties – de France, (1789-1815, 1830, 1848) qui font tout trembler d'un bout du monde à l'autre bout. Et il y a des paliers, plus ou moins longs, des calmes, des bonaces qui apaisent tout pour un temps plus ou moins long. Il y a les *époques* et il y a les *périodes*. Nous sommes dans une période. Si la République est assise, ce n'est point parce qu'elle est la République, (cette République), ce n'est point par sa vertu propre, c'est parce qu'elle est, parce que nous sommes dans une période, d'assiette. La durée de la République ne prouve pas plus la durée de la République que la durée des monarchies voisines ne prouve la durée de la Monarchie. Cette durée ne signifie point qu'elles sont durables, mais qu'elles ont commencé, qu'elles sont dans une période, durable. Qu'elles se sont trouvées comme ça, dans une période, de durée. Elles sont contemporaines, elles trempent dans le même temps, dans le même bain de durée. Elles baignent dans la même période. Elles sont du même âge. Voilà tout ce que ça prouve.

Quand donc des républicains arguënt de ce que la République dure pour dire, pour proposer, pour faire état, pour en faire cette proposition qu'elle est durable, quand ils arguënt de ce qu'elle dure depuis quarante ans pour inférer, pour conclure, pour proposer qu'elle est durable, pour quarante ans, et plus, qu'elle était au moins durable pour quarante ans, qu'elle était valable, qu'elle avait un *bon* au moins pour quarante ans, ils ont l'air de plaider l'évidence même. Et pourtant ils font, ils commettent une pétition, de principe, un dépassement d'attribution. Car dans la République, qui dure, ce n'est point la République, qui dure. C'est la durée. Ce n'est point elle la République qui dure en elle-même, en soi-même. Ce n'est point le régime qui dure en elle. Mais en elle c'est le temps qui dure. C'est son temps, c'est son âge. En elle ce qui dure c'est tout ce qui dure. C'est la tranquillité d'une certaine période de l'humanité, d'une certaine période de l'histoire, d'une certaine période, d'un certain palier historique.

Quand donc les républicains attribuent à la force propre du régime, à une certaine vertu de la République la durée de la République ils commettent à leur profit et au profit de la République un véritable dépassement de crédit, moral. Mais quand les réactionnaires par contre, les monarchistes nous montrent, nous font voir avec leur complaisance habituelle, égale et contraire à celle des autres, nous représentent, au titre d'un argument, la solidité, la tranquillité, la durée des monarchies voisines, (et même, en un certain sens, leur prospérité, bien qu'ici, en un certain sens, ils aient quelquefois beaucoup plus raison), ils font exactement, de leur côté, non pas même seulement un raisonnement du même ordre, mais le même raisonnement. Ils font, ils commettent la même anticipation, une anticipation contraire, la même, une anticipation, une usurpation, un détournement, un débordement, un dépassement de crédit symétrique, antithétique, homothétique : la même anticipation, la même usurpation, le même détournement, le même débordement, le même dépassement de crédit.

Quand les républicains attribuent à la République, (aux républicains), (au peuple, aux citoyens) à l'assiette, à la tranquillité, à la solidité, à la durée de la République la durée de la République, ils attribuent à la République ce qui n'est pas d'elle mais du temps où elle se meut. Quand les monarchistes attribuent aux monarchies voisines, (aux monarques) (aux monarchistes, aux peuples, aux sujets), à leur assiette, à leur tranquillité, à leur solidité, à leur durée leur durée, ils attribuent à ces monarchies ce qui n'est pas d'elles mais du temps où elles se meuvent. Du même temps. Qui est le temps de tout le monde. Et cet escalier à double révolution centrale, cette symétrie, cet antithétisme homothétique des situations, cet appareillement des attributions n'a rien qui doive nous étonner. Les républicains et les monarchistes, les gouvernants républicains et les théoriciens monarchistes font le même raisonnement, commettent la même attribution, des attributions contraires, complémentaires, homothétiques, la même fausse attribution parce que tous les deux ils ont la même conception, les uns et les autres ils sont des intellectuels, tous les deux ensemble et séparément, tous les deux contrairement et ensemble ils sont des politiques, ils croient en un certain sens à la politique, ils parlent le langage politique, ils sont situés, ils se meuvent sur le plan (de la) politique. Ils parlent donc le même langage. Ensemble les uns et les autres. Ils se meuvent donc sur le même plan. Ils croient aux régimes, et qu'un régime fait ou ne fait pas la paix et la guerre, la force et la vertu, la santé et la maladie, l'assiette, la durée, la tranquillité d'un peuple. La force d'une race. C'est comme si l'on croyait que les châteaux de la Loire font ou ne font pas les tremblements de terre.

Nous croyons au contraire (au contraire des uns et des autres, au contraire de tous les deux ensemble) qu'il y a des forces et des réalités infiniment plus profondes, et que ce sont les peuples au contraire qui font la force et la faiblesse des régimes ; et beaucoup moins les régimes, des peuples.

Nous croyons que les uns et les autres ensemble ils ne voient pas, ils ne veulent pas voir ces forces, ces réalités infiniment plus profondes.

Si la République et les monarchies voisines jouissent de la même tranquillité, de la même durée, c'est qu'elles trempent, qu'elles baignent dans le même bain, dans la même période, qu'elles parcourent ensemble le même long palier. C'est qu'elles mènent la même vie, au fond, la même diète. Là-dessus les républicains et les monarchistes font des raisonnements contraires, le même raisonnement contraire, ils font des raisonnements conjugués. Nous au contraire, nous autres, nous plaçant sur un tout autre terrain, descendant sur un tout autre plan, essayant d'atteindre à de tout autres profondeurs, nous pensons, nous croyons au contraire que ce sont les peuples qui font les régimes, la paix et la guerre, la force et la faiblesse, la maladie et la santé des régimes.

Les républicains et les monarchistes ensemble, premièrement font des raisonnements, deuxièmement font des raisonnements conjugués, appariés, couplés, géminés.

Nous tournant donc vers les jeunes gens, nous tournant d'autre part, nous tournant de l'autre côté nous ne pouvons que dire et faire, nous ne pouvons que leur dire : Prenez garde. Vous nous traitez de vieilles bêtes. C'est bien. Mais prenez garde. Quand vous parlez à la légère, quand vous traitez légèrement, si légèrement la République, vous ne risquez pas seulement d'être injustes, (ce qui n'est peut-être rien, au moins vous le dites, dans votre système, mais ce qui, dans notre système, est grave, dans nos idées, considérable), vous risquez plus, dans votre système, même dans vos idées vous risquez d'être sots. Pour entrer dans votre système, dans votre langage même. Vous oubliez, vous méconnaissez qu'ils y a eu une mystique républicaine ; et de l'oublier et de la méconnaître ne fera pas qu'elle n'ait pas été. Des hommes sont morts pour la liberté comme des hommes sont morts pour la foi. Ces élections aujourd'hui vous paraissent une formalité grotesque, universellement menteuse, truquée de toutes parts. Et vous avez le droit de le dire. Mais des hommes ont vécu, des hommes sans nombre, des héros, des martyrs, et je dirai des saints, – et quand je dis *des saints* je sais peut-être ce que je dis, – des hommes ont vécu sans nombre, héroïquement, saintement, des hommes ont souffert, des hommes sont morts, tout un peuple a vécu pour que le dernier des imbéciles aujourd'hui ait le droit d'accomplir cette formalité truquée. Ce fut un terrible, un laborieux, un redoutable enfantement. Ce ne fut pas toujours du dernier grotesque. Et des peuples autour de nous, des peuples entiers, des races travaillent du même enfantement douloureux, travaillent et luttent pour obtenir cette formalité dérisoire. Ces élections sont dérisoires. Mais il y a eu un temps, mon cher Variot, un temps héroïque où les malades et les mourants se faisaient porter dans des chaises pour aller *déposer leur bulletin dans l'urne*. Déposer son bulletin dans l'urne, cette expression vous paraît aujourd'hui du dernier grotesque. Elle a été préparée par un siècle d'héroïsme. Non pas d'héroïsme à la manque, d'un héroïsme à la littéraire. Par un siècle du plus incontestable, du plus authentique héroïsme. Et je dirai du plus français. Ces élections sont dérisoires.

Mais il y a eu une élection. C'est le grand partage du monde, la grande élection du monde moderne entre l'Ancien Régime et la Révolution. Et il y a eu un sacré ballottage, Variot, Jean Variot. Il y a eu ce petit ballottage qui commença au moulin de Valmy et qui finit à peine sur les hauteurs de Hougoumont. D'ailleurs ça a fini comme toutes les affaires politiques, par une espèce de compromis, de cote mal taillée entre les deux partis qui étaient en présence.

Ces élections sont dérisoires. Mais l'héroïsme et la sainteté avec lesquels, moyennant lesquels on obtient des résultats dérisoires, *temporellement* dérisoires, c'est tout ce qu'il y a de plus grand, de plus sacré au monde. C'est tout ce qu'il y a de plus beau. Vous nous reprochez la dégradation temporelle de ces résultats, de nos résultats. Voyez vous-mêmes. Voyez vos propres résultats. Vous nous parlez toujours de la dégradation républicaine. La dégradation de la mystique en politique n'est-elle pas une loi commune.

Vous nous parlez de la dégradation républicaine, c'est-à-dire, proprement, de la dégradation de la mystique républicaine en politique républicaine. N'y a-t-il pas eu, n'y a-t-il pas d'autres dégradations. Tout commence en mystique et finit en politique. Tout commence par *la* mystique, par une mystique, par sa (propre) mystique et tout finit par *de la* politique. La question, importante, n'est pas, il est important, il est intéressant que, mais l'intérêt, la question n'est pas que telle politique l'emporte sur telle ou telle autre et de savoir qui l'emportera de toutes les politiques L'intérêt, la question, l'essentiel est que *dans chaque ordre, dans chaque système* la mystique ne soit point dévorée par la politique à laquelle elle a donné naissance.

L'essentiel n'est pas, l'intérêt n'est pas, la question n'est pas que telle ou telle politique triomphe, mais que dans chaque ordre, dans chaque système chaque mystique, cette mystique ne soit point dévorée par la politique issue d'elle.

En d'autres termes il importe peut-être, il importe évidemment que les républicains l'emportent sur les royalistes ou les royalistes sur les républicains, mais cette importance est infiniment peu cet intérêt n'est rien en comparaison de ceci : que les républicains demeurent des républicains ; que les républicains soient des républicains.

Et j'ajouterai, et ce ne sera pas seulement pour la symétrie, complémentairement j'ajoute : que les royalistes soient, demeurent des royalistes. Or c'est peut-être ce qu'ils ne font pas en ce moment-ci même, où très sincèrement ils croient le faire le plus, l'être le plus.

Vous nous parlez toujours de la dégradation républicaine. N'y a-t-il point eu, par le même mouvement, n'y a-t-il point une dégradation monarchiste, une dégradation royaliste parallèle, complémentaire, symétrique, plus qu'analogue. C'est-à-dire, proprement parlant, une dégradation de la mystique monarchiste, royaliste en une certaine politique, issue d'elle, correspondante, en une, en la politique monarchiste, en la politique royaliste. N'avons-nous pas vu pendant des siècles, ne voyons-nous pas tous les jours les effets de cette politique. N'avons-nous pas assisté pendant des siècles à la dévoration de la mystique royaliste par la politique royaliste. Et aujourd'hui même, bien que ce parti ne soit pas au pouvoir, dans ses deux journaux principaux nous voyons, nous lisons tous les jours les effets, les misérables résultats d'une politique ; et même, je dirai plus, pour qui sait lire, un déchirement continuel, un combat presque douloureux, même à voir, même pour nous, un débat presque touchant, vraiment touchant entre une mystique et une politique, entre leur mystique et leur politique, entre la mystique royaliste et la politique royaliste, la mystique étant naturellement à *l'Action française*, sous des formes rationalistes qui n'ont jamais trompé qu'eux-mêmes, et la politique étant au *Gaulois* comme d'habitude sous des formes mondaines. Que serait-ce s'ils étaient au pouvoir. (Comme nous, hélas).

On nous parle toujours de la dégradation républicaine.

Quand on voit ce que la politique cléricale a fait de la mystique chrétienne, comment s'étonner de ce que la politique radicale a fait de la mystique républicaine. Quand on voit ce que les clercs ont fait généralement des saints, comment s'étonner de ce que nos parlementaires ont fait des héros. Quand on voit ce que les réactionnaires ont fait de la sainteté comment s'étonner de ce que les révolutionnaires ont fait de l'héroïsme.

Et alors il faut être juste, tout de même. Quand on veut comparer un ordre à un autre ordre, un système à un autre système, il faut les comparer par des plans et sur des plans du même étage. Il faut comparer les mystiques entre elles ; et les politiques entre elles. Il ne faut pas comparer une mystique à une politique ; ni une politique à une mystique. Dans toutes les écoles primaires de la République, et dans quelques-unes des secondaires, et dans beaucoup des supérieures on compare inlassablement la politique royaliste à la mystique républicaine. Dans *l'Action française* tout revient à ce qu'on compare presque inlassablement la politique républicaine à la mystique royaliste. Cela peut durer longtemps.

On ne s'entendra jamais. Mais c'est peut-être ce que demandent les partis.

C'est peut-être le jeu des partis.

Nos maîtres de l'école primaire nous avaient masqué la mystique de l'ancienne France, la mystique de l'ancien régime, ils nous avaient masqué dix siècles de l'ancienne France. Nos adversaires d'aujourd'hui nous veulent masquer cette mystique d'ancien régime, cette *mystique de l'ancienne France que fut la mystique républicaine.*

Et nommément la mystique révolutionnaire.

Car le débat n'est pas, comme on le dit, entre l'Ancien Régime et la Révolution. L'Ancien Régime était un régime de l'ancienne France. La Révolution est éminemment une opération de l'ancienne France, La date discriminante n'est pas le premier janvier 1789, entre minuit et minuit une. La date discriminante est située aux environs de 1881.

Ici encore les républicains et les royalistes, les gouvernements, les gouvernants républicains et les théoriciens royalistes font le même raisonnement, un raisonnement en deux, complémentaires, deux raisonnements conjugués, complémentaires, conjugués. Couplés ; géminés. Nos bons maîtres de l'école primaire nous disaient sensiblement : jusqu'au premier janvier 1789 (heure de Paris) notre pauvre France était un abîme de ténèbres et d'ignorance, de misères les plus effrayantes, des barbaries les plus grossières, (enfin ils faisaient leur leçon), et vous ne pouvez pas même vous en faire une idée ; le premier janvier 1789 on installa partout la lumière électrique. Nos bons adversaires de l'École d'en face nous disent presque : jusqu'au premier janvier 1789 brillait le soleil naturel ; depuis le premier janvier 1789 nous ne sommes plus qu'au régime de la lumière électrique. Les uns et les autres exagèrent.

Le débat n'est pas entre un ancien régime, une ancienne France qui finirait en 1789 et une nouvelle France qui commencerait en 1789. Le débat est beaucoup plus profond. Il est entre toute l'ancienne France ensemble, païenne (la Renaissance, les humanités, la culture, les lettres anciennes et modernes, grecques, latines, françaises), païenne et chrétienne, traditionnelle et révolutionnaire, monarchiste, royaliste et républicaine, – et d'autre part, et en face, et au contraire une certaine domination primaire, qui s'est établie vers 1881, qui n'est pas la République, qui se dit la République, qui parasite la République, qui est le plus dangereux ennemi de la République, qui est proprement la domination du parti intellectuel.

Le débat est entre toute cette culture, toute la culture, et toute cette barbarie, qui est proprement la barbarie.

Le débat n'est pas entre les héros et les saints ; le combat est contre les intellectuels, contre ceux qui méprisent également les héros et les saints.

Le débat n'est point entre ces deux ordres de (la) grandeur. Le combat est contre ceux qui haïssent la grandeur même, qui haïssent également l'une et l'autre grandeurs, qui se sont faits les tenants officiels de la petitesse, de la bassesse, et de la vilenie.

C'est ce que l'on verra, ce qui éclate avec une évidence saisissante dans les *papiers* de cette *famille républicaine fouriériste*. Ou

Notre Jeunesse

plutôt, car c'est un peu moins compact, un peu moins tassé, dans les *cahiers* de cette *famille de républicains fouriéristes*. Mon Dieu, s'il y a des lettres de Victor Hugo, eh bien, oui, nous les publierons. Nous ne serons pas méchants. Nous ne ferons pas exprès d'embêter cette grande mémoire. Mais ce que nous publierons surtout, ce sont les dossiers, ce sont les papiers des Milliet. On y verra comment le tissu même du parti républicain était héroïque, et ce qui est presque plus important combien il était cultivé ; combien il était classique ; en un mot, pour qui sait voir, pour qui sait lire, combien il était ancienne France, et, au fond, ancien régime.

On y verra ce que c'était que la pâte même dont le pain était fait.

Notre collaborateur M. Daniel Halévy a fort bien indiqué, dans ces cahiers mêmes, dans son dernier cahier, il a marqué seulement mais il a fort bien marqué que l'histoire de ce siècle ne va pas pour ainsi dire tout de go. Qu'elle n'est pas simple, unique, unilatérale, univoque, bloquée, blocarde, enfin elle-même qu'elle n'est pas un bloc ; qu'elle ne va point toute et toujours dans le même sens ; qu'elle n'est point d'un seul tenant. Il n'y a pas eu un ancien régime qui a duré des siècles ; puis un jour une révolution qui a renversé l'ancien régime ; puis des retours offensifs de l'ancien régime ; et une lutte, un combat, un débat d'un siècle entre la révolution et l'ancien régime, entre l'ancien régime et la révolution. La réalité est beaucoup moins simple. Halévy a fort bien montré que la République avait, était une tradition, une conservation, elle aussi, (elle surtout peut-être), qu'il y avait une tradition, une conservation républicaine. La différence, la distance entre les deux hypothèses, entre les deux théories se voit surtout, surgit comme d'elle-même naturellement à certains points critiques, par exemple aux coups d'État. Dans la première théorie, dans la première hypothèse, dans l'hypothèse du bloc et de la rigidité, les deux coups d'État sont des mouvements du même ordre, du même sens, du même gabarit, de la même teneur. C'est un mouvement, le même mouvement en deux fois. Le deuxième coup d'État est le recommencement, le double, la réduplication du premier. La reprise du premier. Décembre est comme une deuxième édition de

Brumaire. Brumaire était la première édition de Décembre. C'est ce qu'enseignent par un double enseignement, conjugué, par le même enseignement, par un enseignement conjugué, géminé, d'une part les instituteurs, d'autre part les réactionnaires. Pour les instituteurs et dans l'enseignement des instituteurs (notamment de Victor Hugo) les deux coups d'État sont deux crimes, un même crime, redoublé, le même crime, en deux temps. Pour les réactionnaires et dans l'enseignement des réactionnaires les deux coups d'État sont deux opérations de police, deux heureuses opérations de police, renouvelées l'une de l'autre, recommencées l'une de l'autre, redoublées l'une de l'autre. Recommandées l'une de l'autre.

Un mouvement en deux temps. Brumaire et décembre. C'est la double idée de Hugo et des bonapartistes.

La réalité est beaucoup moins simple, beaucoup plus complexe et peut-être même beaucoup plus compliquée. La Révolution française fonda une tradition, amorcée déjà depuis un certain nombre d'années, une conservation, elle fonda un ordre nouveau. Que cet ordre nouveau ne valût pas l'ancien, c'est ce que beaucoup de bons esprits ont été amenés aujourd'hui à penser. Mais elle fonda certainement un ordre nouveau, non pas un désordre, comme les réactionnaires le disent. Cet ordre ensuite dégénéra en désordre(s), qui sous le Directoire atteignirent leur plus grande gravité. Dès lors si nous nommons, comme on le doit, *restaurations* les restaurations d'ordre, quel qu'il soit, d'un certain ordre, de l'un ou de l'autre ordre, et si nous nommons *perturbations* les introductions de désordre(s), le 18 Brumaire fut certainement une restauration (ensemble, inséparablement républicaine et monarchiste, ce qui lui confère un intérêt tout particulier, un ton propre, un sens propre, ce qui en fait une opération réellement très singulière, comparable à nulle autre, et qu'il faudrait étudier de près, à laquelle surtout il ne faut rien comparer dans toute l'histoire du dix-neuvième siècle français, et même et autant dans toute l'histoire de France, à laquelle enfin il ne faut référer, comparer nulle autre opération française, à laquelle on ne trouverait d'analogies que dans certaines opérations peut-être d'autres pays) ; (et surtout à qui il faut bien se garder de comparer surtout le 2 Décembre) ; 1830 fut une restauration, républicaine ; ah j'oubliais, on oublie toujours Louis XVIII ; la Restauration fut une restauration, monarchiste ; 1830 fut une restauration, républicaine ; 1848 fut une restauration républicaine, et une explosion de la mystique républicaine ; les journées de juin même furent une deuxième explosion, une explosion redoublée de la mystique républicaine ; au contraire le 2 Décembre fut une perturbation, une introduction d'un désordre, la plus grande perturbation peut-être qu'il y eut dans l'histoire du dix-neuvième siècle français ; il mit au monde, il introduisit, non pas seulement à la tête, mais dans le corps même, dans la nation, dans le tissu du corps politique et social un personnel nouveau, nullement mystique, purement politique et démagogique ; il fut proprement l'introduction d'une démagogie ; le 4 septembre fut une restauration, républicaine ; le 31 octobre, le 22 janvier même fut une journée républicaine ; le 18 mars même fut une journée républicaine, une restauration républicaine en un certain sens, et non pas seulement un mouvement de température, un coup de fièvre obsidionale, mais une deuxième révolte, une deuxième explosion de la mystique républicaine et nationaliste ensemble, républicaine et ensemble, inséparablement patriot(iqu)e ; les journées de mai furent certainement une perturbation et non pas une restauration, la République fut une restauration jusque vers 1881 où l'intrusion de la tyrannie intellectuelle et de la domination primaire commença d'en faire un gouvernement de désordre.

C'est en ce sens, et en ce sens seulement, que le 2 Décembre fut *le Châtiment, l'Expiation* du 18 Brumaire, et que le Deuxième Empire fut *le Châtiment* du Premier. Mais loin d'être la réplique du premier le Second Empire fut en un sens tout ce qu'il y eut de plus contraire au premier. Le Premier Empire fut un régime d'ordre, d'un certain ordre. Il fut même, sous beaucoup d'indisciplines, même militaires, comme une sorte d'apothéose de la discipline, éminemment de la discipline militaire. Il fut un régime d'un très grand ordre et d'une très grande histoire. Le Deuxième Empire fut un régime de tous les désordres. Il fut réellement l'introduction d'un désordre, d'un certain désordre, l'introduction, l'installation au pouvoir d'une certaine bande, déconsidérée, très *moderne*, très *avancée*, nullement ancienne France, nullement ancien régime. Ou encore on peut dire que le Deuxième Empire est le plus gros boulangisme que nous ayons eu, et aussi le seul qui ait réussi.

La Révolution au contraire, la grande, avait été une instauration. Une instauration plus ou moins heureuse, mais enfin une instauration.

Une instauration, c'est-à-dire ce dont toute restauration même n'est déjà plus qu'une répétition, une image affaiblie, un essai de recommencement.

En d'autres termes encore, en un autre terme, le premier Empire ne fut point ce que nous nommons un césarisme. Le deuxième Empire fut ce que nous nommons un césarisme. Le boulangisme fut un césarisme. Il y eut beaucoup de césarisme dans l'antidreyfusisme. Il n'y en eut point dans le dreyfusisme. La domination combiste fut très réellement un césarisme, le plus dangereux de tous, parce que c'était celui qui se présentait le plus comme républicain. La domination radicale et radicale-socialiste est proprement un césarisme, nommément un multicésarisme de comités électoraux.

Il faut si peu suivre les noms, les apparences, les aspects, il faut tant se méfier des noms que de même que le Deuxième Empire, historiquement, réellement, ne *continue* pas l'Empire premier, de même la troisième République, historiquement, réellement, ne se *continue* pas elle-même. La suite, la continuation de la troisième République ne *continue* pas le commencement de la troisième République. Sans qu'il y ait eu en 1881 aucun grand événement, je veux dire aucun événement inscriptible, à cette date la République a commencé de se discontinuer. De républicaine elle est notamment devenue césarienne.

Il ne faut pas dire seulement : Tout s'explique, je dirai : Tout s'éclaire par là. Les difficultés incroyables de l'action publique et privée s'éclairent soudainement, d'un grand jour, d'une grande lumière, quand on veut bien donner audience pour ainsi dire, quand on veut bien considérer, quand on veut bien seulement faire attention à cette distinction, à cette récrimination, je veux dire à cette discrimination remontante que nous venons de reconnaître. Tous les sophismes, tous les paralogismes de l'action, tous les *parapragmatismes*, – ou du moins tous les nobles, tous les dignes, les seuls précisément où *nous* puissions tomber, les seuls que nous puissions commettre, les seuls innocents, – si coupables pourtant, – viennent de ce que nous prolongeons indûment dans l'action politique, dans la politique, une ligne d'action dûment commencée dans la mystique. Une ligne d'action était commencée, était poussée dans la mystique, avait jailli dans la mystique, y avait trouvé, y avait pris sa source et son point d'origine. Cette action était bien lignée. Cette ligne d'action n'était pas seulement naturelle, elle n'était pas seulement légitime, elle était due. La vie suit son train. L'action suit son train. On regarde par la portière. Il y a un mécanicien qui conduit. Pourquoi s'occuper de la conduite. La vie continue. L'action continue. Le fil s'enfile. Le fil de l'action, la ligne de l'action continue. Et continuant, les mêmes personnes, le même jeu, les mêmes institutions, le même entourage, le même appareil, les mêmes meubles, les habitudes déjà prises, on ne s'aperçoit pas que l'on passe par-dessus ce point de discernement. D'autre part, par ailleurs, extérieurement l'histoire, les événements ont marché. Et l'aiguille est franchie. Par le jeu, par l'histoire des événements, par la bassesse et le péché de l'homme la mystique est devenue politique, ou plutôt l'action mystique est devenue action politique, ou plutôt la politique s'est substituée à la mystique, la politique a dévoré la mystique. Par le jeu des événements, qui ne s'occupent pas de nous, qui pensent à autre chose, par la bassesse, par le péché de l'homme, qui pense à autre chose, la matière qui était matière de mystique est devenue matière de politique. Et c'est la perpétuelle et toujours recommençante histoire. Parce que c'est la même matière, les mêmes hommes, les mêmes comités, le même jeu, le même mécanisme, déjà automatique, les mêmes entours, le même appareil, les habitudes déjà prises, nous n'y voyons rien. Nous n'y faisons pas même attention. Et pourtant la même action, qui était juste, à partir de ce point de discernement devient injuste. La même action, qui était légitime, devient illégitime. La même action, qui était due, devient indue. La même action, qui était celle-ci, à partir de ce point de discernement ne devient pas seulement autre, elle devient généralement son contraire, son propre contraire. Et c'est ainsi qu'on devient innocemment criminel.

La même action, qui était propre, devient sale, devient une autre action, sale.

C'est ainsi qu'on devient innocent criminel, peut-être les plus dangereux de tous.

Une action commencée sur la mystique continue sur la politique et nous ne sentons point que nous passons sur ce point de discernement. La politique dévore la mystique et nous ne sautons point quand nous passons sur ce point de discontinuité.

Quand par impossible un homme de cœur discerne au point de discernement, s'arrête au point d'arrêt, refuse de muer à ce point de mutation, rebrousse à ce point de rebroussement, refuse, pour demeurer fidèle à une mystique, d'entrer dans les jeux politiques, dans les abus de cette politique qui est elle-même un abus, quand un homme de cœur, pour demeurer fidèle à une mystique, refuse d'entrer dans le jeu de la politique correspondante, de la politique issue, de la parasitaire, de la dévorante politique, les politiciens ont accoutumé de la nommer d'un petit mot bien usé aujourd'hui : volontiers ils nous nommeraient traître.

D'ailleurs ils nous nommeraient traître sans conviction, pour mémoire, pour les électeurs. Parce qu'il faut bien mettre quelque mot dans les programmes et dans les polémiques.

Qu'on le sache bien c'est ce traître que nous avons toujours été et que nous serons toujours. C'est ce traître, notamment, éminemment, que nous avons toujours été dans l'affaire Dreyfus et dans l'affaire du dreyfusisme. Le véritable traître, le traître au sens plein, au sens fort, au sens ancien de ce mot, c'est celui qui vend sa foi, qui vend son âme, qui livre son être même, qui *perd* son âme, qui trahit ses principes, son idéal, son être même, qui trahit sa mystique pour entrer dans la politique correspondante, dans la politique issue, passant complaisamment par-dessus le point de discrimination.

Je ne suis pas le seul. Les abonnés de ces cahiers, même aujourd'hui, après douze ans de morts, et de renouvellements annuels, se composent aujourd'hui encore pour les deux tiers, sont encore pour les deux tiers des anciens dreyfusards, des nouveaux dreyfusards, des dreyfusards perpétuels, des dreyfusards impénitents, des dreyfusards *mystiques*, des hommes de cœur, des petites gens, généralement obscurs, généralement pauvres, quelques-uns très pauvres, pour ainsi dire misérables, qui ont sacrifié deux fois leur carrière, leur avenir, leur existence et leur pain : une première fois pour lutter contre leurs ennemis, une deuxième fois pour lutter contre leurs amis ; et combien n'est-ce pas plus difficile ; une première fois pour résister à la politique de leurs ennemis, une deuxième fois pour résister à la politique de leurs amis ; une première fois pour ne pas succomber à leurs ennemis, une deuxième fois pour ne pas succomber à leurs amis.

C'est ce traître-ci que nous entendons être.

Une première fois pour ne pas succomber à la démagogie de leurs ennemis, une deuxième fois pour ne pas succomber à la démagogie de leurs amis ; une première fois pour ne pas succomber à l'inimitié, une deuxième fois pour ne pas succomber à la plus difficile amitié.

Tous nous savons ce que ça nous a coûté. Et c'est pour cela que nous exigerons toujours de nos amis un respect que nos ennemis ne nous ont jamais refusé.

Les politiciens veulent que nous endossions leurs politiques, que nous marchions dans leurs politiques, dans leurs combinaisons, que nous entrions dans leurs vues, politiques, que nous trahissions nos mystiques pour leurs politiques, pour les politiques correspondantes, pour les politiques issues. Mais nous ne sommes pas sous leurs ordres.

Alors les politiciens veulent décerner l'honneur et le droit. Mais ils n'en sont peut-être pas maîtres.

Ils veulent décerner l'obéissance et l'obédience, confirmer la firme, distribuer l'honneur, déclarer la règle. Mais ils n'en sont peut-être pas maîtres.

Ils ne sont pas nos maîtres. Tout le monde n'est pas sous leurs ordres. Ils ne sont pas même leurs propres maîtres.

Parlons plus simplement de ces grands hommes. Et moins durement. Leur politique est devenue un manège de chevaux de bois. Ils nous disent : Monsieur, vous avez changé, vous n'êtes plus à la même place. *La preuve, c'est que vous n'êtes plus en face du même chevau de bois.* – Pardon, monsieur le député, ce sont les chevaux de bois qui ont tourné.

Il faut rendre d'ailleurs cette justice à ces malheureux qu'ils sont généralement très gentils avec nous, *excepté* la plupart de *ceux qui* sortant du personnel enseignant *constituent le parti intellectuel*. Tous les autres, les députés propres, les politiciens proprement dits, les parlementaires professionnels ont bien autre chose à faire que de s'occuper de nous, et surtout que de nous ennuyer ou de nous être désagréables : les concurrents, les compétiteurs, les électeurs, la réélection, les compétitions, les affaires, la vie. Ils aiment mieux nous laisser tranquilles. Et puis nous sommes si petits (en volume, en masse) pour eux. En masse politique et sociale. Ils ne nous aperçoivent même pas. Nous n'existons pas pour eux. Ne nous gonflons pas jusqu'à croire que nous existons pour eux, qu'ils nous voient. Ils nous méprisent trop pour nous haïr pour nous en vouloir de nous être infidèles, je veux dire de ce qu'ils nous sont infidèles, à nous et à notre mystique, *leur* mystique, la mystique qui nous est commune, censément, réellement commune, (à nous parce que nous nous en nourrissons et qu'inséparablement nous vivons pour elle, à eux parce qu'ils en profitent et qu'ils la parasitent), pour même nous (en) tenir rigueur. Quand nous sollicitons, à notre tour de bêtes, ils mettent même souvent une sorte de dilection, secrète, un certain point d'honneur, d'un certain honneur, une coquetterie à nous rendre service. Ils ont l'air de dire : Vous voyez bien. Nous faisons ce métier-là. Nous savons très bien ce qu'il vaut. Il faut bien gagner sa vie. Il faut bien faire une carrière. Au moins rendez-nous cette justice que quand il le faut, quand on le peut, quand l'occasion s'en présente, nous sommes encore compétents, nous sommes encore capables de nous intéresser aux grands intérêts spirituels, de les défendre.

Ils ont raison. Et il faut bien que nous leur fassions cette Justice. C'est une espèce de coquetterie qu'ils ont, fort louable, une dilection, (un remords), une sorte de garantie intérieure qu'ils prennent, un regret qui leur vient, comme une réponse qu'ils font à un avertissement secret. Ceux qui sont intraitables, ceux qui sont bien fermés, ce ne sont que les anciens intellectuels devenus députés, notamment les anciens professeurs, nommément les anciens normaliens Ceux-là en veulent véritablement à la culture.

Notre Jeunesse

Ils ont contre elle une sorte de haine véritablement démoniaque.

Il faut d'ailleurs bien faire attention Quand on parle de parti intellectuel et de l'envahissement de la domination du primaire il faut prendre garde. Il ne suffit pas de dire primaire, primaire. Il faut bien voir aujourd'hui que le primaire n'est pas tout, (tout entier), dans le primaire. Il s'en faut. Il n'est point tant dans le primaire. Il s'en faut, et ce n'est même pas là qu'il est le plus. Il faut prendre garde que c'est sans aucun doute dans le supérieur aujourd'hui qu'il y a le plus de primaire, de contamination primaire, de domination primaire. Pour moi j'ai la conviction qu'il se distribue beaucoup plus de véritable culture aujourd'hui même encore, dans la plupart des écoles primaires, dans la plupart des écoles des villages de France, entre les carrés de vignes, à l'ombre des platanes et des marronniers, qu'il ne s'en distribue entre les quatre murs de la Sorbonne. Voici quelle est à peu près aujourd'hui, dans la réalité, la hiérarchie des trois enseignements : Un très grand nombre d'instituteurs encore, même radicaux et radicaux-socialistes, même francs-maçons, même libre-penseurs professionnels, pour toutes sortes de raisons de situation et de race continuent encore d'exercer, généralement à leur insu, dans les écoles des provinces et même des villes un certain ministère de la culture. Ils sont encore, souvent malgré eux, des ministres, des maîtres de la distribution de la culture. Ils exercent cet office. L'enseignement secondaire donne un admirable exemple, fait un admirable effort pour maintenir, pour (sauve)garder, pour défendre contre l'envahissement de la barbarie cette culture antique, cette culture classique dont il avait le dépôt, dont il garde envers et contre tout la tradition. C'est un spectacle admirable que (celui que) donnent tant de professeurs de l'enseignement secondaire, pauvres, petites gens, petits fonctionnaires, exposés à tout, sacrifiant tout, luttant contre tout, résistant à tout pour défendre leurs *classes*. Luttant contre tous les pouvoirs, les autorités temporelles, les puissances constituées. Contre les familles, ces électeurs, contre l'opinion ; contre le proviseur, qui suit les familles, qui suivent l'opinion ; contre *les parents des élèves* ; contre le proviseur, le censeur, l'inspecteur d'Académie, le recteur de l'Académie, l'inspecteur général, le directeur de l'enseignement secondaire, le ministre, les députés, toute la machine, toute la hiérarchie, contre les hommes politiques, contre leur avenir, contre leur carrière, contre leur (propre) avancement ; littéralement contre leur pain. Contre leurs chefs, contre leurs maîtres, contre l'administration, la grande Administration, contre leurs supérieurs hiérarchiques, contre leurs défenseurs naturels, contre ceux qui devraient naturellement les défendre. Et qui les abandonnent au contraire. Quand ils ne les trahissent pas. Contre tous leurs propres intérêts. Contre tout le gouvernement, notamment contre le plus redoutable de tous, contre le gouvernement de l'opinion, qui partout est toute moderne. Pourquoi. Par une indestructible probité. Par une indestructible piété. Par un invincible, un insurmontable attachement de race et de liberté à leur métier, à leur office, à leur ministère, à leur vieille vertu, à leur fonction sociale, à un vieux civisme classique et français. Par un inébranlable attachement à la vieille culture, qui en effet était la vieille vertu, qui était tout un avec la vieille vertu, par une continuation, par une sorte d'héroïque attachement au vieux métier, au vieux pays, au vieux lycée. Pour quoi. Pour tâcher d'en sauver un peu. C'est par eux, par un certain nombre de maîtres de l'enseignement secondaire, par un assez grand nombre encore heureusement, que toute culture n'a point encore disparu de ce pays. Je connais, je pourrais citer moi tout seul, moi tout petit cent cinquante professeurs de l'enseignement secondaire qui font tout, qui risquent tout, qui bravent tout, même et surtout l'ennui, le plus grand risque, la petite fin de carrière, pour maintenir, pour sauver tout ce qui peut encore être sauvé. On trouverait difficilement cinquante maîtres de l'enseignement supérieur, et même trente, et même quinze, qui se proposent autre chose (outre la carrière, et l'avancement, et pour commencer précisément d'être de l'enseignement supérieur) qui se proposent autre chose que d'ossifier, que de momifier la réalité, les réalités qui leur sont imprudemment confiées, que d'ensevelir dans le tombeau des fiches la matière de leur enseignement.

Je citerais cent cinquante professeurs de l'enseignement secondaire qui font tout ce qu'ils peuvent, et même plus, pour essayer seulement de sauvegarder un peu, dans ce vieux pays, un peu de bon goût, un peu de tenue, un peu d'ancien goût, un peu des anciennes mœurs de l'esprit, un peu de ce vieil esprit de la liberté de l'esprit.

Les instituteurs ne font point tant partie du parti intellectuel. Ni tant qu'ils le croient. Ni tant qu'ils le voudraient bien. Ils ont tant d'autres attaches encore dans le pays réel, quoi qu'ils fassent. Ils sont beaucoup plus les agents de la culture qu'ils ne le voudraient. Les professeurs de l'enseignement secondaire n'en font pour ainsi dire aucunement partie, excepté les politiciens, les quelques-uns qui ont chauffé leur avancement, leur rapide acheminement sur Paris. Autrement, pour tout le reste, pour tous les autres, pour tout le corps, on peut dire, il faut dire que l'enseignement secondaire, tout démantelé qu'il soit, tout défait que l'on l'ait fait, est encore la citadelle, le réduit de la culture en France.

On fait quelquefois grand état, dans le supérieur, au moins dans le commencement, dois-je dire pour épater les nouveaux, les jeunes gens, de ce que les professeurs de l'enseignement secondaire font des *classes*, tandis que messieurs les maîtres et professeurs de l'enseignement supérieur *au contraire* font des *cours*. Il faut malheureusement le leur dire : Dans l'état actuel de l'enseignement, c'est dans les *classes* que se distribue encore beaucoup de culture, et c'est dans les *cours* qu'il n'y en a plus.

Ceux qui sont acharnés surtout, comme parti politique, comme parti intellectuel, ceux qui sont forcenés, ce sont ces jeunes gens qui passent directement de l'ancienne et de la nouvelle École Normale au Parti Socialiste Unifié. Les dernières élections viennent de nous envoyer encore tout un paquet de ces jolis garçons. Les *enfants de chœur*, notamment celui qui est si joli et joufflu. Comme c'est son devoir d'enfant de chœur.

Notre première règle de conduite, ou, si l'on préfère, la première règle de notre conduite sera donc étant dans l'action, de ne jamais tomber dans la politique, c'est-à-dire, très précisément, suivant une ligne de l'action, de nous défier, de nous méfier de nous-mêmes et de notre propre action, de faire une extrême attention à distinguer le point de discernement, et ce point reconnu, de rebrousser en effet à ce point de rebroussement. Au point où la politique se substitue à la mystique, dévore la mystique, trahit la mystique, celui-là seul qui laisse aller, qui abandonne, qui trahit la politique est aussi le seul qui demeure fidèle à la mystique, celui-là seul qui trahit la politique est aussi le seul qui ne trahit pas la mystique.

Au point de rebroussement il ne faut rien garder de la vieille analyse, de la vieille idée. De l'habitude Il faut être prêt à recommencer, il faut recommencer *de plano* l'analyse.

Si notre première règle d'action, de conduite sera de ne point continuer aveuglément par-dessus le point de discernement une action commencée en mystique et qui finit en politique, pareillement, parallèlement notre première règle de connaissance, de jugement, de *connaissement* sera de ne point continuer aveuglément par-dessus le point de discernement un jugement, un connaissement sur une action commencée en mystique et qui finit en politique. Il faut avant tout et surtout se défier, se méfier de soi, de son propre jugement, de son propre connaissement. Il faut sur tout se donner garde de continuer. Continuer, persévérer, en ce sens-là, c'est tout ce qu'il y a de plus dangereux pour la justice, pour l'intelligence même. Prendre son billet au départ, dans un parti, dans une faction, et ne plus jamais regarder comment le train roule et surtout sur quoi le train roule, c'est, pour un homme, se placer résolument dans les meilleures conditions pour se faire criminel.

Tout le fatras des propos et des conversations, les embarras, les apparentes contradictions, les embroussaillements, les inextricables difficultés du jugement, les apparentes incompréhensions et impossibilités de comprendre et de suivre, les bonnes fois contraires et les mauvaises fois entrelacées, les bonnes et les mauvaises fois adverses, le recommencement perpétuel et fatigant de la vanité des mêmes propos, la répétition, l'exécrable répétition des mêmes incohérents et infatigables propos seraient beaucoup éclairés si l'on faisait seulement attention de quoi on parle, si, sur toute action, dans chaque action, dans chaque ordre, on parle de la mystique ou, plus généralement, de la politique. Ainsi s'explique que dans tant de polémiques, dans tant de débats les deux adversaires, les deux ennemis paraissent avoir également raison, également tort. Une des principales causes en est que l'un parle de la mystique, et l'autre répond de la politique correspondante, de la politique issue. Ou l'un parle de la politique, et l'autre répond de la mystique antérieure. Ce n'est pas seulement la justice dans l'ordre du jugement moral, qui demande que l'on compare toujours deux actions aux mêmes étages et non point en deux étages différents, la mystique à la mystique et la politique à la politique, et non point la mystique à la politique ni la politique à la mystique, c'est aussi la justesse, dans l'ordre du jugement mental, qui a exactement la même exigence.

Quand nos instituteurs comparent incessamment la mystique républicaine à la politique royaliste et quand tous les matins nos royalistes comparent la mystique royaliste à la politique républicaine, ils font, ils commettent le même manquement, deux manquements mutuellement complémentaires, deux manquement mutuellement contraires, mutuellement inverses, mutuellement réciproques, deux manquements contraires, le même, un manquement conjugué ; ensemble ils manquent à la justice et à la justesse ensemble.

Une première conséquence de cette distinction, une première application de ce reconnaissement, de ce discernement, de cette redistribution, c'est que les mystiques sont beaucoup moins ennemies entre elles que les politiques, et qu'elles le sont tout autrement. Il ne faut donc pas faire porter aux mystiques la peine des dissensions, des guerres, des inimitiés politiques, il ne faut pas reporter sur les mystiques la malendurance des politiques. Les mystiques sont beaucoup moins ennemies entre elles que les politiques ne le sont entre elles. Parce qu'elles n'ont point comme les politiques à se partager sans cesse une matière, temporelle, un monde temporel, une puissance temporelle incessamment limitée. Des dépouilles temporelles. Des dépouilles mortelles. Et quand elles sont ennemies, elles le sont tout autrement, à une profondeur infiniment plus essentielle, avec une noblesse infiniment plus profonde. Par exemple jamais la mystique civique, la mystique antique, la mystique de la cité et de la supplication antique ne s'est opposée, n'a pu s'opposer à la mystique du salut comme la politique païenne s'est opposée à la politique chrétienne ; aussi grossièrement, aussi bassement, aussi temporellement, aussi mortellement que les empereurs païens se sont opposés aux empereurs chrétiens, et réciproquement. Et la mystique du salut aujourd'hui ne peut pas s'opposer à la mystique de la liberté comme la politique cléricale s'oppose par exemple à la politique radicale. Il est aisé d'être ensemble bon chrétien et bon citoyen, *tant qu'on ne fait pas de la politique.*

Les politiciens, au moment qu'ils *changent* la mystique en politique, une mystique en une politique, si on ne les suit pas, alors c'est eux qui vous accusent de *changer.*

Nous en avons eu un exemple éminent dans l'affaire Dreyfus continuée en affaire dreyfusisme. On peut dire que les politiciens introduisent et dans l'action et dans la connaissance (où déjà il y en a tant, où il y en a tant de naturelles), des difficultés artificielles, des difficultés supplémentaires, des difficultés surérogatoires, des difficultés plus qu'il n'y en a. Et il y en a déjà tant. Ils veulent toujours, quelquefois par politique, mais généralement par incompréhension naturelle, par insuffisance, par incapacité d'aller profondément, que les serviteurs des mystiques deviennent les agents des politiques. Ils introduisent partout, ils découpent, des déchirures temporelles gratuites, des déchirures politiques artificielles. Comme si ce n'était pas assez déjà des grands déchirements mystiques. Ils créent ainsi des enchevêtrements.

Nous en avons eu un exemple éminent dans cette immortelle affaire Dreyfus continuée en affaire Dreyfusisme. S'il y en eut une qui sauta par-dessus son point de discernement, ce fut celle-là. Elle offre, avec une perfection peut-être unique, comme une réussite peut-être unique, comme un exemple unique, presque comme un modèle un raccourci unique généralement de ce que c'est que la dégradation, l'abaissement d'une action humaine, mais non pas seulement cela : particulièrement, proprement un raccourci unique, (comme) une culmination de ce que c'est que la dégradation d'une action mystique en action politique passant (aveuglément ?) par-dessus son point de rupture, par-dessus son point de discernement, par dessus son point de rebroussement, par-dessus son point de continuité discontinue.

Faut-il noter une fois de plus qu'il y eut, qu'il y a dans cette affaire Dreyfus, qu'ils y aura longtemps en elle, et peut-être éternellement, une vertu singulière. Je veux dire une force singulière. Nous le voyons bien aujourd'hui. À présent que l'affaire est finie. Ce n'était pas une illusion de notre jeunesse. Plus cette affaire est finie, plus il est évident qu'elle ne finira jamais. Plus elle est finie plus elle prouve. Et d'abord il faut noter qu'elle prouve qu'elle avait une *vertu* singulière. Dans les deux sens. Une singulière vertu de vertu tant qu'elle demeura dans la mystique. Une singulière vertu de malice aussitôt qu'elle fut entrée dans la politique. C'est un des plus grands mystères qu'il y ait dans l'histoire et dans la réalité, et naturellement aussi, naturellement donc l'un donc de ceux sur qui l'on passe le plus aveuglément, le plus aisément, le plus inattentivement, le plus sans sauter, que cette espèce de différence absolue, (irrévocable, irréversible, comme infinie), qu'il y a dans le *prix* des événements. Que certains événements soient d'un certain prix, aient un certain prix, un prix propre ; que des événements différents du même ordre ou d'ordres voisins, ayant la même matière ou des matières du même ordre et de même valeur, ayant la même forme ou des formes du même ordre et de même valeur, aient pourtant des prix, des valeurs infiniment différentes ; que chaque événement, opérant une même matière, faisant devenir une même matière, sous une même forme, dans une même forme, que tout événement ait pourtant un prix propre, mystérieux, une force propre en soi, une valeur propre, mystérieuse ; qu'ils y ait des guerres et des paix qui aient une valeur propre, qu'il y ait des *affaires* qui aient une valeur propre, absolue ; qu'il y ait des héroïsme qui aient une valeur propre ; qu'il y ait des saintetés même qui aient une valeur propre, c'est assurément un des plus grands mystères de l'événement, un des plus poignants problèmes de l'histoire ; qu'il y ait non seulement des hommes (et des dieux) qui comptent plus que d'autres, infiniment plus, mais qu'il y ait des peuples, qui sont comme marqués, qu'il y ait comme une destination, comme une évaluation, comme une mesure non pas seulement des hommes et des dieux, mais des peuples mêmes ; qu'il y ait des peuples tout entiers qui aient un prix, une valeur propre, qui soient marqués pour l'histoire, pour toute l'histoire temporelle, et (par suite) peut-être sans doute pour l'autre, et que des peuples tout entiers, tant d'autres peuples, l'immense majorité des peuples, la presque totalité soient marqués au contraire pour le silence et l'ombre, pour la nuit et le silence, pour tomber dans un silence, ne se lèvent que pour tomber, c'est un mystère que nous ne voyons pas, comme tous les plus grands mystères, précisément parce que nous y baignons, comme dans tous les plus grands mystères ; enfin qu'il y ait non seulement des hommes et pour ainsi dire des dieux temporellement élus, mais des peuples entiers temporellement élus et peut-être plus, c'est certainement peut-être le plus grand mystère de l'événement, le plus poignant problème de l'histoire. Qu'il y ait même comme des événements élus. C'est le plus grand problème de la création. Nous ne manquerons point, nous n'éviterons point de le considérer, de le méditer longuement dans les études que nous avons commencées de la situation faite à l'histoire et à la sociologie dans la philosophie générale du monde moderne.

Il faut donc le dire, et le dire avec solennité : *l'affaire Dreyfus fut une affaire élue*. Elle fut une crise éminente dans trois histoires elles-mêmes éminentes. Elle fut une crise éminente dans l'histoire d'Israël. Elle fut une crise éminente, évidemment, dans l'histoire de France. Elle fut surtout une crise éminente, et cette dignité apparaîtra de plus en plus, elle fut surtout une crise éminente dans l'histoire de la chrétienté. Et peut-être de plusieurs autres. Ainsi par un recoupement, par une élection peut-être unique elle fut triplement critique. Elle fut triplement éminente. Elle fut proprement une affaire culminante. Pour moi, si je puis continuer ces études que nous avons commencées de la situation faite à l'histoire et à la sociologie dans la philosophie générale du monde moderne, suivant cette méthode que nous gardons de ne jamais rien écrire que de ce que nous avons éprouvé nous-mêmes, nous prendrons certainement cette grande crise comme exemple, comme référence de ce que c'est qu'une crise, un événement qui a une valeur propre éminente.

Ce prix, cette valeur propre de l'affaire Dreyfus apparaît encore, apparaît constamment, quoi qu'on en ait, quoi qu'on fasse. Elle revient malgré tout, comme un revenant, comme une revenante. Ce qui double la preuve, ou plutôt ce qui fait la preuve, c'est qu'elle ne se manifeste pas seulement dans un sens, dans l'un des deux sens, mais ce qui fait la preuve (rien ne prouve autant que le mal), c'est hélas qu'elle prouve, qu'elle se manifeste également dans tous les deux sens. Elle a dans le bon sens, dans le sens mystique, une force incroyable de vertu, une vertu de vertu incroyable. Et dans le mauvais sens, dans le sens politique, elle a une force, une vertu de vice incroyable. Aujourd'hui encore, aujourd'hui comme toujours, aujourd'hui plus que jamais on ne peut pas en parler à la légère, on ne peut pas en traiter légèrement, on ne peut pas en parler d'un air détaché. On ne peut pas en parler sans se passionner, aussitôt. Aujourd'hui comme jamais tout propos qui se tient, tout article de revue ou de journal, tout livre, tout cahier qui s'écrit de l'affaire Dreyfus a en lui, porte en lui on ne sait quel virus, quel point de virus qui nous travaille infatigable. On n'en peut point toucher un mot qui ne soit nocif et sacré. Nous n'en souffrons que trop, quelquefois, aux cahiers, le jeudi. Mais c'est la marque même et le signe de la valeur, du prix propre le signe de l'élection.

   Pour moi si ayant achevé une œuvre infiniment plus grave je viens à l'âge des *Confessions*, qui est, comme on sait, cinquante ans révolus, à neuf heures du matin, c'est ce que je me proposerai certainement d'y représenter. J'essaierai, reprenant, achevant mon ancienne *décomposition du dreyfusisme en France* de donner non pas une idée, mais j'essaierai de donner une représentation de ce que fut dans la réalité cette immortelle affaire Dreyfus. Elle fut, comme toute affaire qui se respecte, une affaire essentiellement mystique. Elle vivait de sa mystique. Elle est morte de sa politique. C'est la loi, c'est la règle. *C'est le niveau des vies*. Tout parti vit de sa mystique et meurt de sa politique. C'est ce que j'essaierai de représenter. J'avoue, je commence à croire que ce ne sera pas inutile. Je soupçonne qu'il y a sur cette affaire Dreyfus de nombreux malentendus. J'avoue que je ne me reconnais pas du tout dans le *portrait* que Halévy a tracé ici même *du dreyfusiste*. Je ne me sens nullement ce poil de chien battu. Je consens d'avoir été vainqueur, je consens (ce qui est mon jugement propre) d'avoir été vaincu (ça dépend du point de vue auquel on se place), je ne consens point d'avoir été battu. Je consens d'avoir été ruiné, (dans le temporel, et fort exposé dans l'intemporel), je consens d'avoir été trompé, je consens d'avoir été berné. Je ne consens point d'avoir été mouillé. Je ne me sens point ce poil de chien mouillé. Je ne me reconnais point dans ce portrait. Nous étions autrement fiers, autrement droits, autrement orgueilleux, infiniment fiers, portant haut la tête, infiniment pleins, infiniment gonflés des vertus *militaires*. Nous avions, nous tenions un tout autre ton, un tout autre air, un tout autre port de tête, nous portions, à bras tendus, un tout autre propos. Je ne me sens aucunement l'humeur d'un pénitent. Je hais une pénitence qui ne serait point une pénitence chrétienne, qui serait une espèce de pénitence civique et laïque, une pénitence laïcisée, sécularisée, temporalisée, désaffectée, une imitation, une contrefaçon de *la* pénitence. Je hais une humiliation, une humilité qui ne serait point une humilité chrétienne, l'humilité chrétienne, qui serait une espèce d'humilité civile, civique, laïque, une imitation, une contrefaçon de l'humilité. Dans le civil, dans le civique, dans le laïque, dans le profane je veux être bourré d'orgueil. Nous l'étions. Nous en avions le droit. Nous en avions le devoir. Non seulement nous n'avons rien à regretter. Mais nous n'avons rien, nous n'avons rien fait dont nous n'ayons à nous glorifier. Dont nous ne puissions, dont nous ne devions nous glorifier. On peut commencer demain matin la publication de mes œuvres complètes. On pourrait même y ajouter la publication de mes propos, de mes paroles complètes. Il n'y a pas, dans tous ces vieux cahiers, un mot que je changerais, excepté quatre ou cinq mots que je connais bien, sept ou huit mots de théologie qui pourraient donner matière à un malentendu, être interprétés à contresens, parce qu'ils sont au style indirect et que l'on ne voit pas assez dans la phrase qu'ils sont au style indirect. Non seulement nous n'avons rien à désavouer, mais nous n'avons rien dont nous n'ayons à nous glorifier. Car dans nos plus ardentes polémiques, dans nos invectives, dans nos pamphlets nous n'avons jamais perdu le respect du respect. Du respectable respect. Nous n'avons, nous n'avons à avoir ni regret ni remords. Dans ces *confessions d'un dreyfusiste* qui feront une part importante de nos *Confessions* générales, il y aura, je l'ai promis, de nombreux cahiers qui s'intituleront *Mémoires d'un âne* ou peut-être, plus platement, *mémoires d'un imbécile*. Il n'y en aura aucun qui s'intitulera *mémoires d'un lâche*, ou *d'un pleutre* (nous laisserons ceux-ci à faire à M. Jaurès et ils ne seront certainement pas mal faits). (Il est si bon maquignon.) Il n'y en aura aucun qui s'intitulera *cahiers, mémoires d'un faible* ; *d'un repentant*. Il n'y en aura aucun qui s'intitulera *mémoires d'un homme politique*. Ils seront tous, dans le fond, les mémoires d'un homme mystique.

On peut publier demain matin nos œuvres complètes. Non seulement il n'y a pas une virgule que nous ayons à désavouer, mais il n'y a pas une virgule dont nous n'ayons à nous glorifier.

C'est bien l'idée de Halévy, qu'en effet je ne m'y reconnaisse pas. Plusieurs fois il nous le dit expressément. Mais je ne sais pas si son lecteur voit bien toujours que c'est son idée.

Notre collaborateur a bien marqué, dans tout son cahier, qu'en effet il ne s'agit point de nous. Ce qu'il a voulu faire, ce qu'il a si parfaitement réussi à nous donner, c'est bien plutôt l'histoire du dreyfusisme, le *portrait* du dreyfusisme que le portrait du dreyfusiste ; que l'histoire ou le portrait d'un dreyfusiste ; ou encore ce serait, je crois, dans sa pensée, le portrait, l'histoire et le portrait d'un dreyfusiste moyen ; ou plutôt c'est l'histoire et le portrait d'un parti, du parti dreyfusiste ; ou plus exactement d'un dreyfusiste qui était dans le parti dreyfusiste. Mais je crois qu'il y a un abîme entre l'histoire et le portrait d'un dreyfusiste qui était dans le parti dreyfusiste et l'histoire et le portrait d'un dreyfusiste qui n'était pas dans le parti dreyfusiste. C'est pour cela que quand je lisais en épreuves le cahier de notre collaborateur je voyais venir ce malentendu, je voyais prendre corps ce contresens. Je voyais poindre ce double sens et la confusion de ce double sens. C'est pour cela que j'avais une sourde révolte, sourde naturellement parce que je ne suis pas éloquent. Je ronchonnais, je marmonnais, je marmottais, tout en lisant mes épreuves, et plus je trouvais que le cahier est beau, plus je trouvais qu'il est bon, plus je me révoltais. Parce que plus je pensais qu'il serait écouté. Plus je pensais qu'il porterait. C'est pourquoi ce que je veux contester à notre collaborateur, c'est la proportion, c'est la *quotité* même, la quotité respective, dans l'ensemble du dreyfusisme et du parti dreyfusiste, de ceux que son cahier habille, et de ceux qu'il n'habille pas. De ceux à qui son cahier convient, et de ceux à qui il ne convient pas. Il a bien pensé lui-même, il a fait une réserve, il a fait une distinction utile en marquant bien qu'il fallait mettre à part ceux des dreyfusistes qui n'étaient point entrés dans les démagogies politiques, notamment dans la démagogie combiste. Mais où je conteste à notre collaborateur, c'est quand il paraît admettre que nous ne représentons pas le dreyfusisme et que les autres le représentent, quand il nous classe et nous met à part comme une exception, comme une sorte d'exception, quand toute son attention se porte sur les autres, sur ceux que nous sommes autorisés à nommer les *politiciens*. Nous prétendons au contraire que nous les mystiques nous sommes et nous fûmes, que nous avons toujours été le cœur et le centre du dreyfusisme, et que nous seuls nous le représentons.

Halévy a quelquefois l'air de dire que les autres auraient comme suivi une courbe légitime et que nous autres nous serions des sauvages, presque comme des fantaisistes, que nous aurions fait une rupture, brusque, un saut illégitime. Ce seraient les autres qui seraient pour ainsi dire de droit et nous qui serions comme de travers. Ce seraient les autres qui seraient la règle, le commun, l'ordinaire, le naturel, et nous qui serions non pas seulement l'extraordinaire, mais l'exception, et surtout une exception artificielle. On veut toujours que ce soit la faiblesse et la dégradation qui soit la règle, l'ordinaire le commun, qui soit comme de droit, qui aille de soi. C'est précisément ce que je conteste dans tous les ordres, au moins pour cette race française. En France le courage et la droiture vont très bien de soi.

Sans doute les *apparences* donneraient raison à Halévy, les apparents seraient pour lui. Je veux dire que si l'on (ne) considère (que) les dreyfusistes apparents, les hommes en vue, journalistes, publicistes, conférenciers, Universités Populaires, parlementaires, candidats, hommes politiques, tout ce qui parle et tout ce qui cause, tout ce qui écrit et tout ce qui publie, l'immense majorité des hommes en vue, la presque totalité des *apparents* s'empressèrent d'entrer dans les démagogies dreyfusistes, je veux dire dans les démagogies politiques issues de la mystique dreyfusiste. Mais ce que je conteste précisément, ce que je nie, c'est que ceux qui sont *apparents* pour l'histoire (et que l'histoire, en retour, saisit avec tant d'empressement) aient une grande importance dans les profondeurs de la réalité. Atteignant donc à des réalités profondes, seules importantes, je prétends que *tous* les dreyfusistes mystiques sont demeurés dreyfusistes, qu'ils sont demeurés mystiques, et qu'ils sont demeurés les mains pures. Qu'importe que tous les *apparents*, tous les *phénomènes*, tous les officiels, tous les avantageux aient abandonné, aient raillé, aient renié, aient trahi cette mystique pour la politique issue, pour toutes sortes de politiques, pour toutes les démagogies politiques. Cela, mon cher Halévy, vous l'avez dit vous-même : *C'est le niveau des vies.* Qu'importe qu'ils nous raillent. Seuls nous représentons et eux ils ne représentent pas. Qu'importe qu'ils nous tournent en dérision. Eux-mêmes ils ne vivent que par nous, ils ne sont que par nous. Les vanités mêmes qu'ils sont, sans nous ils ne le seraient pas.

Et non seulement je prétends que les dreyfusistes mystiques sont demeurés dreyfusistes et qu'ils sont demeurés mystiques. Mais j'atteste en plus, en surcroît, qu'ils étaient le nombre et qu'ils sont demeurés le nombre. Même au grossier point de vue, non plus de la qualité, de la vertu, mais de la quotité même et de la quantité, c'est eux qui comptaient, c'est eux qui comptent.

La politique se moque de la mystique, mais c'est encore la mystique qui nourrit la politique même.

Car les politiques se rattrapent, croient se rattraper en disant qu'au moins ils sont pratiques et que nous ne le sommes pas. Ici même ils se trompent. Et ils trompent. Nous ne leur accorderons pas même cela. Ce sont les mystiques qui sont même pratiques et ce sont les politiques qui ne le sont pas. C'est nous qui sommes pratiques, *qui faisons quelque chose*, et c'est eux qui ne le sont pas, *qui ne font rien*. C'est nous qui amassons et c'est eux qui pillent. C'est nous qui bâtissons, c'est nous qui fondons, et c'est eux qui démolissent. C'est nous qui nourrissons et c'est eux qui parasitent. C'est nous qui faisons les œuvres et les hommes, les peuples et les races. Et c'est eux qui ruinent.

Le peu même qu'ils sont, ils ne le sont que par nous. La misère.

la vanité. le vide. l'infirmité. la frivolité, la bassesse, le néant qu'ils sont, cela même ils ne le sont que par nous.

C'est pour cela qu'il ne s'agit point qu'ils nous regardent comme des inspecteurs (comme eux-mêmes étant des inspecteurs). Il ne s'agit point qu'ils nous examinent et nous jugent, qu'ils nous passent en revue et en inspection. Qu'ils nous demandent des comptes, eux à nous, vraiment ce serait risible. Tout le droit qu'ils ont, avec nous, c'est de se taire. Et de tâcher de se faire oublier. Espérons qu'ils en useront largement.

Ce que je prétends, c'est que tout le corps mystique du dreyfusisme est demeuré intact. Qu'importe que les politiciens aient trahi cette mystique. C'est leur office même.

Après vous me direz que ni les États-Majors ni les comités ni les ligues n'étaient donc de cette mystique. Naturellement qu'ils n'en étaient pas. Vous n'auriez tout de même pas voulu qu'ils en fussent. Qu'importe toute la Ligue des Droits de l'Homme ensemble, et même du Citoyen, que représente-t-elle, en face d'une conscience, en face d'une mystique. Qu'importe une politique, cent politiques, au prix d'une mystique. Tout détestables qu'ils soient, ils ne sont encore que par nous, ils sont encore et toujours nos débiteurs. Toute mystique est créancière de toutes politiques.

Leur détestation même est de nous, est notre œuvre, nous parasite.

Vous ajouterez que la victime elle-même n'était donc point de sa mystique. De sa propre mystique. Cela est devenu évident. Nous fussions morts pour Dreyfus. Dreyfus n'est point mort pour Dreyfus. Il est de bonne règle que la victime ne soit point de la mystique de sa propre affaire.

C'est le triomphe de la faiblesse humaine, le couronnement de notre vanité, la plus grande preuve ; le plus grand effort, le chef-d'œuvre, la démonstration la plus haute, suprême, culminante de notre infirmité.

Notre Jeunesse

Il fallait que ce fût ainsi pour que le chef-d'œuvre de notre misère fût achevé, pour que toute l'amertume fût bue, pour que l'ingratitude fût vraiment couronnée.

Pour que ce fût complet. Pour que le désabusement fût achevé.

L'affaire Dreyfus, le dreyfusisme, la mystique, le mysticisme dreyfusiste fut une culmination, un recoupement en culmination de trois mysticismes au moins : juif, chrétien, français. Et comme je le montrerai ces trois mysticismes ne s'y déchiraient point, ne s'y meurtrissaient point, mais y concouraient au contraire par une rencontre, par un recoupement, en une rencontre, en un recoupement peut-être unique dans l'histoire du monde.

Je suis en mesure d'affirmer que tous les mystiques dreyfusistes sont demeurés mystiques, sont demeurés dreyfusistes, sont demeurés les mains pures. Je le sais, j'en ai la liste aux cahiers. Je veux dire que tout ce qu'il y avait de mystique, de fidèle, de croyant dans le dreyfusisme s'est réfugié, s'est recueilli aux cahiers, dès le principe et toujours, guidés par un instinct sûr, par le plus profond des instincts, comme dans la seule maison qui eût gardé le sens et la tradition, le dépôt, sacré pour nous, et peut-être pour l'histoire, de la mystique dreyfusiste. Tel fut le premier fond, le premier corps de nos amis et de nos abonnés. Beaucoup déjà sont morts. Tous ceux qui ne sont pas morts nous sont restés invariablement fidèles. Ou plutôt ce fut ce premier fond, ce premier corps, tout ce qu'il y avait de mystique, de fidèle, de croyant dans le dreyfusisme qui fut, qui devint non point seulement nos amis et nos abonnés, mais nos cahiers mêmes, le corps et l'institution de nos cahiers. Je puis donc le dire. Les hommes qui se taisent, les seuls qui importent, les silencieux, les seuls qui comptent, les tacites, les seuls qui compteront, tous les mystiques sont restés invariables, infléchissables. Toutes les petites gens. Nous enfin. J'en ai encore eu la preuve et reçu le témoignage aux vacances de Pâques, aux dernières, et à ces vacances de la Pentecôte, où tant de nos amis et de nos abonnés des départements, notamment des professeurs, nous ont fait l'amitié de venir nous voir aux cahiers. Ils sont comme ils étaient, ce qu'ils étaient, ils sont les mêmes hommes qu'il y a dix ans. Qu'il y a douze ans. Qu'il y a quinze ans. Et moi aussi j'ose dire qu'ils m'ont trouvé le même homme qu'il y a dix ans. Douze ans. Quinze ans. Ce qui est peut-être plus difficile.

Ceux qui se taisent, les seuls dont la parole compte.

Voilà quel était le cœur et la force du dreyfusisme. Ce cœur, ce centre, cette force est demeurée intacte.

Il s'était même créé un honneur dreyfusiste, ce qui est la marque même de la consécration d'une mystique, de la création d'une mystique. Quand une mystique en vient à créer un honneur, son honneur, un honneur propre, particulier, c'est qu'elle existe bien, comme mystique. Elle a donné, elle a trouvé sa marque. Cet honneur, dreyfusiste, est demeuré intact.

Cette fidélité même que nos amis et que nos abonnés nous ont gardée depuis quinze ans à travers tant d'épreuves, à travers toutes les misères, toutes les détresses, à travers, dessous tous les malentendus politiques, toutes les hontes politiques, cette amitié impeccable, cette fidélité d'un autre âge, cette fidélité ancienne, antique, d'un autre temps, cette amitié, cette fidélité unique dans tout le monde moderne ne s'explique elle-même que comme une amitié, une fidélité de l'ordre mystique. Elle nous récompense nous-mêmes d'une fidélité toute mystique à notre mystique.

Il n'est pas mort, pour lui ; mais plusieurs sont morts pour lui. Cela fait, cela consacre, cela sanctionne une mystique.
D'autres sont morts pour lui.

Il ne s'est pas ruiné pour lui-même. Il ne se ruinera pour nul autre. Mais beaucoup se sont ruinés pour lui. Beaucoup ont sacrifié pour lui leur carrière, leur pain, leur vie même, le pain de leurs femmes et de leurs enfants. Beaucoup se sont jetés pour lui dans une misère inexpiable. Cela fait, cela consacre, cela sanctionne une mystique.

La misère, le seul incurable des maux.

Notre Jeunesse

D'autres se sont ruinés, se sont temporellement perdus pour lui.

Le plus grand de tous, Bernard-Lazare, quoi qu'on en ait dit, quoi qu'on en ait, plus lâchement, laissé dire, a vécu pour lui, est mort pour lui, est mort pensant à lui.

Ce qu'il y a de plus fort, c'est que cette mystique, que nos amis ont ignorée, plus que méconnue, ignorée, (nos *amis*, j'entends ici ce mot au sens politique, au sens des combats politiques, nos amis politiques, nos politiciens, nos parasites), nos adversaires eux-mêmes l'ont soupçonnée. M. Barrès a fort bien noté plusieurs fois que le mouvement dreyfusiste fut un mouvement religieux. Il a même écrit, et il y a longtemps, qu'il fallait regretter que cette force religieuse fût perdue. Sur ce point au moins nous sommes en mesure de le rassurer. Cette force religieuse ne sera point perdue. Aux reconstructions qui s'imposent, aux restitutions, nous avons dit le mot aux *restaurations* qui s'annoncent nous venons la tête haute ; fiers et tout pleins de notre passé, battus de tant d'épreuves, forgés par nos misères mêmes. Aux restaurations qui s'annoncent nous venons la mémoire pleine, le cœur plein, les mains pleines et pures.

Moi-même si depuis bientôt quinze ans (en comptant tout) mal doué de ressources, mal doué de forces de tout ordre, mal doué de talents, à travers des difficultés de toutes sortes, à travers des traverses sans nombre j'ai pu tenir le coup, si j'ai pu continuer cette œuvre, persévérer dans cette œuvre, dans cette opération incessante c'est certainement que je suis attaché à ces cahiers, à cette institution, à cette œuvre d'un attachement, d'une liaison qui est de l'ordre mystique.

Je le disais précisément à Isaac pendant les vacances de Pâques. Nous déjeunions ensemble, une fois par an. Je lui disais : Vous croyez, vous dites que nous sommes purs, que nous avons les mains pures Vous le croyez, vous le dites. Mais vous ne savez pas ce que vous dites. Vous ne pouvez pas mesurer ce que vous croyez. Il faut vivre à Paris, dans ce que l'on a fait de la République, pour savoir, pour mesurer ce que c'est que d'être pur.

J'ai la certitude en effet que nos amis de province nous font confiance. Mais ils ne peuvent pas savoir, ils ne peuvent pas soupçonner *de quoi ils* nous font confiance, quelle est la matière, le terrain de la confiance qu'ils nous font.

L'affaire Dreyfus fut un recoupement, une culmination de trois mystiques au moins. Premièrement elle fut sur le chemin de la mystique hébraïque. Pourquoi le nier. Ce serait le contraire au contraire qui serait suspect.

Il y a une politique juive. Pourquoi le nier. Ce serait le contraire au contraire qui serait suspect. Elle est sotte, comme toutes les politiques. Elle est prétentieuse, comme toutes les politiques. Elle est envahissante, comme toutes les politiques. Elle est inféconde, comme toutes les politiques. Elle fait les affaires d'Israël comme les politiciens républicains font les affaires de la République. Elle est surtout occupée, comme toutes les politiques, à étouffer, à dévorer, à supprimer sa propre mystique, la mystique dont elle est issue. Et elle ne réussit guère qu'à cela.

Loin donc qu'il faille considérer l'affaire Dreyfus comme une combinaison, politique, un agencement, comme une opération de la politique juive, il faut *au contraire* la considérer comme une opération, comme une œuvre, comme une explosion de la mystique juive. Les politiciens, les rabbins, les communautés d'Israël, pendant des siècles et des siècles de persécutions et d'épreuves, n'avaient que trop pris l'habitude, politique, le pli de sacrifier quelques-uns de leurs membres pour avoir la paix, la paix du ménage politique, la paix des rois et des grands, la paix de leurs débiteurs, la paix des populations et des princes, la paix des antisémites. Ils ne demandaient qu'à recommencer. Ils ne demandaient qu'à continuer. Ils ne demandaient qu'à sacrifier Dreyfus pour conjurer l'orage. La grande majorité des Juifs est comme la grande majorité des (autres) électeurs. Elle craint la guerre. Elle craint le trouble. Elle craint l'inquiétude. Elle craint, elle redoute plus que tout peut-être le : simple dérangement. Elle aimerait mieux le silence, une tranquillité basse. Si on pouvait s'arranger moyennant un silence entendu, acheter la paix en livrant le bouc, payer de quelque livraison, de quelque trahison, de quelque bassesse une tranquillité précaire. Livrer le sang innocent, elle sait ce que c'est. En temps de paix elle craint la guerre. Elle a peur des coups. Elle a peur des affaires. Elle est forcée à sa propre grandeur. Elle n'est conduite à ses grands destins douloureux que forcée par une poignée de factieux une *minorité agissante*, une bande d'énergumènes et de fanatiques, une bande de forcenés, groupés autour de quelques têtes qui sont très précisément les prophètes d'Israël. Israël a fourni des prophètes innombrables, des héros, des martyrs, des guerriers sans nombre. Mais enfin, en temps ordinaire, le peuple d'Israël est comme tous les peuples, il ne demande qu'à ne pas entrer dans un temps extraordinaire. Quand il est dans une période, il est comme tous les peuples, il ne demande qu'à ne pas entrer dans une époque. Quand il est dans une période, il ne demande qu'à ne pas entrer dans une crise. Quand il est dans une bonne plaine, bien grasse, où coulent les ruisseaux de lait et de miel, il ne demande qu'à ne pas remonter sur la montagne, cette montagne fût-elle la montagne de Moïse. Israël a fourni des prophètes innombrables ; plus que cela elle est elle-même prophète, elle est elle-même la race prophétique. Tout entière, en un seul corps, un seul prophète. Mais enfin elle ne demande que ceci : c'est de ne pas donner matière aux prophètes à s'exercer. Elle sait ce que ça coûte. Instinctivement, historiquement, organiquement pour ainsi dire elle sait ce que ça coûte. Sa mémoire, son instinct, son organisme même, son corps temporel, son histoire, toute sa mémoire le lui disent. Toute sa mémoire en est pleine. Vingt, quarante, cinquante siècles d'épreuves le lui disent. Des guerres sans nombre, des meurtres, des déserts, des prises de villes, des exils, des guerres étrangères, des guerres civiles, des captivités sans nombre. Cinquante siècles de misères, quelquefois dorées. Comme les misères modernes. Cinquante siècles de détresses, quelquefois anarchistes, quelquefois masquées de joies, quelquefois masquées, maquillées de voluptés. Cinquante siècles peut-être de neurasthénie. Cinquante siècles de blessures et de cicatrices, des points toujours douloureux, les Pyramides et les Champs-Élysées, les rois d'Égypte et les rois d'Orient, le fouet des eunuques et la lance romaine, le Temple détruit et non rebâti, une inexpiable dispersion leur en ont dit le prix pour leur éternité. Ils savent ce que ça coûte, eux, que d'être la voix charnelle et le corps temporel. Ils savent ce que ça coûte que de porter Dieu et ses agents les prophètes. Ses prophètes les prophètes. Alors, obscurément, ils aimeraient mieux qu'on ne recommence pas. Ils ont peur des coups. Ils en ont tant reçu. Ils aimeraient mieux qu'on n'en parle pas. Ils ont tant de fois payé pour eux-mêmes et pour les autres. On peut bien parler d'autre chose. Ils ont tant de fois payé pour tout le monde, pour nous. Si on ne parlait de rien du tout. Si on faisait des affaires, de(s) bonnes affaires. Ne triomphons pas. Ne triomphons pas d'eux. Combien de chrétiens ont été poussés à coups de lanières dans la voie du salut. C'est partout pareil. Ils ont peur des coups. Toute l'humanité a généralement peur des coups. Au moins avant. Et après. Heureusement elle n'a quelquefois pas peur des coups pendant. Les plus merveilleux soldats peut-être du grand Napoléon, ceux de la fin, ne provenaient-ils pas généralement de bandes de déserteurs et d'insoumis que les gendarmes impériaux avaient poussés, menottes aux mains, avaient refoulés comme un troupeau jusqu'en cette île de Walcheren. De là sortit pourtant Lutzen, Bautzen, la Bérésina, le glorieux Walcheren-Infanterie, 131me de l'arme.

Ils ont tant fui, tant et de telles fuites, qu'ils savent le prix de ne pas fuir. Campés, entrés dans les peuples modernes, ils voudraient tant s'y trouver bien. Toute la politique d'Israël est de ne pas faire de bruit, dans le monde (on en a assez fait), d'acheter la paix par un silence prudent. Sauf quelques écervelés prétentieux, que tout le monde nomme, de se faire oublier. Tant de meurtrissures lui saignent encore. Mais toute la mystique d'Israël est qu'Israël poursuive dans le monde sa retentissante et douloureuse mission. De là des déchirements incroyables, les plus douloureux antagonismes intérieurs qu'il y ait eu peut-être entre une mystique et une politique. Peuple de marchands. Le même peuple de prophètes. Les uns savent pour les autres ce que c'est que des calamités.

Les uns savent pour les autres ce que c'est que des ruines ; toujours et toujours des ruines ; un amoncellement de ruines ; habiter, passer dans un peuple de ruines, dans une ville de ruines.

Je connais bien ce peuple. Il n'a pas sur la peau un point qui ne soit pas douloureux, où il n'y ait un ancien bleu, une ancienne contusion, une douleur sourde, la mémoire d'une douleur sourde, une cicatrice, une blessure, une meurtrissure d'Orient ou d'Occident. Ils ont les leurs, et toutes celles des autres. Par exemple on a meurtri *comme Français* tous ceux de l'Alsace et de la Lorraine annexée.

C'est bien mal connaître la politique juive, au moment même qu'on en parle, que de supposer que ce soit la politique juive et le parti juif qui aient jamais soulevé une affaire comme l'affaire Dreyfus. Au contraire. Ce ne sont jamais eux qui soulèvent les tumultes. Ils ne demandent, ils ne recherchent que le silence. Ils ne demandent qu'à se faire oublier. Sauf quelques écervelés, ils ne recherchent que l'ombre et le silence.

En fait et dans le détail même c'est ne pas connaître un mot de l'affaire Dreyfus et du dreyfusisme et notamment de la manière dont elle a commencé que de croire, que de s'imaginer qu'elle est comme une invention, une fabrication, une forgerie du parti juif, de la politique juive, que le parti juif, la politique juive ait vu de bon cœur poindre le commencement de cette affaire. C'est très exactement le contraire. Ils ne savaient pas bien, mais ils se méfiaient. Ils avaient raison de se méfier. Au point de vue des intérêts. Cette affaire, somme toute, et sous des victoires apparentes, sous des aspects de conquête(s), sous des surfaces de triomphe, leur a fait (beaucoup) plus de mal que de bien.

Au point où en est tombée aujourd'hui la courbe de l'histoire de cette affaire, nous pouvons dire en effet aujourd'hui qu'une première fois nous fûmes vainqueurs des antidreyfusistes antidreyfusistes ; qu'une deuxième fois nous fûmes vaincus par les antidreyfusistes dreyfusistes ; qu'aujourd'hui enfin nous sommes en train d'être vaincus par les deux ensemble.

Ils se méfiaient. Prévoyaient-ils ce tumulte énorme, cet énorme ébranlement. On ne prévoit jamais tout. En tout cas ils n'aiment pas soulever des tumultes.

Quand donc la famille de M. Dreyfus, pour obtenir une réparation individuelle, envisageait un chambardement total de la France, et d'Israël, et de toute la chrétienté, non seulement elle allait contre la politique française, mais elle n'allait pas moins contre la politique juive qu'elle n'allait évidemment contre la politique cléricale. Une mystique peut aller contre toutes les politiques *à la fois*. Ceux qui apprennent l'histoire ailleurs que dans les polémiques, ceux qui essaient de la suivre dans les réalités, dans la réalité même, savent que c'est en Israël que la famille Dreyfus, que l'affaire Dreyfus naissante, que le dreyfusisme naissant rencontra d'abord les plus vives résistances. La sagesse est aussi une vertu d'Israël. S'il y a les Prophètes il y a l'Ecclésiaste. Beaucoup disaient *à quoi bon*. Les sages voyaient surtout qu'on allait soulever un tumulte, instituer un commencement dont on ne verrait peut-être jamais la fin, dont surtout on ne voyait pas quelle serait la fin. Dans les familles, dans le secret des familles on traitait communément de folie cette tentative. Une fois de plus la folie devait l'emporter, dans cette race élue de l'inquiétude. Plus tard, bientôt tous, ou presque tous, marchèrent, parce que quand un prophète a parlé en Israël, tous le haïssent, tous l'admirent, tous le suivent. Cinquante siècles d'épée dans les reins les forcent à marcher.

Ils reconnaissent l'épreuve avec un instinct admirable, avec un instinct de cinquante siècles. Ils reconnaissent, ils saluent le coup. C'est encore un coup de Dieu. La ville encore sera prise, le Temple détruit, les femmes emmenées. Une captivité vient, après tant de captivités. De longs convois traîneront dans le désert. Leurs cadavres jalonneront les routes d'Asie. Très bien, ils savent ce que c'est. Ils ceignent leurs reins pour ce nouveau départ. Puisqu'il faut y passer ils y passeront encore. Dieu est dur, mais il est Dieu. Il punit, et il soutient. Il mène. Eux qui ont obéi, impunément, à tant de maîtres extérieurs, temporels, ils saluent enfin le maître de la plus rigoureuse servitude, le Prophète, le maître intérieur.

Le prophète, en cette grande crise d'Israël et du monde, fut Bernard-Lazare. Saluons ici l'un des plus grands noms des temps modernes, et après Darmesteter l'un des plus grands parmi les prophètes d'Israël. Pour moi, si la vie m'en laisse l'espace, je considérerai comme une des plus grandes récompenses de ma vieillesse de pouvoir enfin fixer, restituer le portrait de cet homme extraordinaire.

J'avais commencé d'écrire un *portrait de Bernard-Lazare*. Mais pour ces hommes de cinquante siècles il faut bien peut-être un recul de cinquante ans. D'énormes quantités d'imbéciles, et en Israël et en Chrétienté, croient encore que Bernard-Lazare fut un jeune homme, un homme jeune, on ne sait pas bien, un jeune écrivain, venu à Paris comme tant d'autres, pour s'y pousser, pour y faire sa fortune, dans les lettres, comme on disait encore alors, dans le théâtre, dans les contes, dans les nouvelles, dans le livre, dans la nouvelle, dans le recueil, dans le conte, dans le fatras, dans le journal, dans la politique, dans toute la misère temporelle, venu au Quartier, comme tous les jeunes gens de ces pays-là, un jeune juif du Midi, d'Avignon et de Vaucluse, ou des Bouches du Rhône, ou plutôt du Gard et de l'Hérault. Un jeune juif de Nîmes ou de Montpellier. Je ne serais pas surpris, j'ai même la certitude que le jeune Bernard-Lazare le croyait lui-même. Le prophète d'abord ne se connaît point. On trouverait encore des gens qui feraient tout un travail sur Bernard-Lazare symboliste et jeune poète ou ami des symbolistes ou ennemi des symbolistes. On ne sait plus. Et dans l'affaire Dreyfus même je ne serais pas surpris que l'État-Major dreyfusiste, l'entourage de Dreyfus, la famille de Dreyfus et Dreyfus lui-même aient toujours considéré Bernard-Lazare comme un agent, que l'on payait, comme une sorte de conseil juridique, ou judiciaire, non pas seulement dans les matières juridiques, comme un faiseur de mémoires, salarié, comme un publiciste, comme un pamphlétaire, à gages, comme un polémiste et un polémiqueur, comme un journaliste sans journal, comme un avocat officieux, honoré, comme un officieux, comme un avocat non plaidant. Comme un faiseur, comme un établisseur de mémoires et dossiers, comme une sorte d'avocat consultant en matières juridiques et surtout en matières politiques, enfin comme un folliculaire. Comme un écrivain professionnel. Par conséquent comme un homme que l'on méprise. Comme un homme qui travaillait, qui écrivait sur un thème. Qu'on lui donnait, qu'on lui avait donné. Comme un homme qui gagnait sa vie, qui gagnait ce qu'il pouvait, qui gagnait ce qu'il gagnait. Par conséquent comme un homme que l'on méprise. Comme un homme à la suite. Peut-être comme un agent d'exécution. Israël passe à côté du Juste, et le méprise. Israël passe à côté du Prophète, le suit, et ne le voit pas.

La méconnaissance des prophètes par Israël et pourtant la conduite d'Israël par les prophètes, c'est toute l'histoire d'Israël.

La méconnaissance des saints par les pêcheurs et pourtant le salut des pêcheurs par les saints, c'est toute l'histoire chrétienne.

La méconnaissance des prophètes par Israël n'a d'égale, n'a de comparable, bien que fort différente, que la méconnaissance des saints par les pêcheurs.

On peut même dire que la méconnaissance des prophètes par Israël est une *figure* de la méconnaissance des saints par les pêcheurs.

Quand le prophète passe, Israël croit que c'est un publiciste. Qui sait, peut-être un sociologue.

Si on pouvait lui faire une situation en Sorbonne. Ou plutôt à l'École (*pratique* (?) (!) des Hautes Études. Quatrième section. Ou cinquième. Ou troisième. Enfin section des sciences *religieuses*. À la Sorbonne, *au bout de la galerie des Sciences*, escalier E, au premier étage. On pourra toujours. On est si puissant dans l'État français.

L'un des documents les plus effrayants de l'ingratitude humaine, (ici ce fut particulièrement de l'ingratitude juive, mais généralement aussi ce fut l'ingratitude de tant d'autres, sinon la nôtre, une ingratitude commune), fut la situation faite à Bernard-Lazare aussitôt après le déclenchement et le triomphe apparent, le faux triomphe de l'affaire Dreyfus. La méconnaissance totale, l'ignorance même, la solitude, l'oubli, le mépris où on le laissa tomber, où on le fit tomber, où on le fit périr. Où on le fit mourir.

– C'est de sa faute aussi s'il est mort, disent-ils dans leur incroyable, dans leur incurable bassesse, dans leur grossière promiscuité révoltante. Il ne faut jamais mourir. On a toujours tort de mourir.
– Il faut donc dire, il faut donc écrire, il faut donc publier que comme il avait vécu pour eux, littéralement il est mort par eux et pour eux. Oui, oui, je sais, il est mort de ceci. Et de cela. On meurt toujours de quelque chose. Mais le mal terrible dont il est mort lui eût laissé un délai, dix, quinze, vingt ans de répit sans l'effroyable surmenage qu'il avait assumé pour sauver Dreyfus. Tension nerveuse effrayante et qui dura des années. Effroyable surmenage de corps et de tête. Surmenage de cœur, le pire de tous. Surmenage de tout.

Notre Jeunesse

On meurt toujours de quelque(s) atteinte(s).

Je ferai le portrait de Bernard-Lazare. Il avait indéniablement, des parties de saint, de sainteté. Et quand je parle de saint, je ne suis pas suspect de parler par métaphore. Il avait une douceur, une bonté, une tendresse mystique, une égalité d'humeur, une expérience de l'amertume et de l'ingratitude, une digestion parfaite de l'amertume et de l'ingratitude une sorte de bonté à qui on n'en remontrait point, une sorte de bonté parfaitement renseignée et parfaitement apprise d'une profondeur incroyable. Comme une bonté à revendre. Il vécut et mourut pour eux comme un martyr. Il fut un prophète. Il était donc juste qu'on l'ensevelît prématurément dans le silence et dans l'oubli. Dans un silence fait. Dans un oubli concerté.

Il ne faut pas lui alléguer sa mort. Car sa mort même fut pour eux. Il ne faut pas lui reprocher sa mort.

On lui en voulait surtout, les juifs lui en voulaient surtout, le méprisaient surtout parce qu'il n'était pas riche. Je crois même qu'on disait qu'il était dépensier. Cela voulait dire qu'on n'avait plus besoin de lui, ou que l'on croyait que l'on n'avait plus besoin de lui. Peut-être en effet leur coûtait-il un peu ; leur avait-il coûté un peu plus. C'était un homme qui avait la main ouverte.

Seulement il faudrait peut-être considérer qu'il était sans prix.

Car il était mort avant d'être mort. Israël une fois de plus, Israël poursuivait ses destinées temporellement éternelles. Il est extrêmement remarquable que le seul journal où on ait jamais traité dignement notre ami, je veux dire selon sa dignité, selon sa grandeur, selon sa mesure, dans son ordre de grandeur, où on l'ait traité en ennemi sans doute, violemment, âprement, comme un ennemi, mais enfin à sa mesure, où on l'ait considéré à la mesure de sa grandeur, où on ait dit, en termes ennemis, mais enfin où on ait dit combien il aimait Israël et combien il était grand fut *la Libre Parole*, et que le seul homme qui l'ait dit fut M. Édouard Drumont. C'est une honte pour nous que le nom de Bernard-Lazare, depuis cinq ans, sept ans qu'il est mort, n'ait jamais figuré que dans son journal ennemi. Je ne parle pas des cahiers, dont il demeure l'ami intérieur, l'inspirateur secret, je dirai très volontiers, et très exactement, le patron. En dehors de nous, je dis très limitativement, comme on dit dans le droit, en dehors de nous des cahiers, il n'y a que M. Edouard Drumont qui ait su parler de Bernard-Lazare, qui ait voulu en parler, qui lui ait fait sa mesure.

Les autres, les nôtres se taisaient dès avant sa mort, se sont tus depuis avec un soin honteux, avec une perfection, avec une patience, avec une réussite extraordinaire.

Et il était mort avant d'être mort.

Ils avaient comme honte de lui. Mais en réalité c'étaient eux qui avaient honte d'eux devant lui.

C'étaient les politiciens, c'était la politique même qui avait honte de soi devant la mystique.

Combien de fois n'ai-je pas monté cette rue de Florence. Il y a pour tous les quartiers de Paris non seulement une personnalité constituée, mais cette personnalité a une histoire comme nous. Il n'y a pas bien longtemps et pourtant tout date. Déjà. Le propre de l'histoire, c'est ce changement même, cette *génération et corruption*, cette abolition constante, cette révolution perpétuelle. Cette mort. Il n'y a que quelques années, huit ans, dix ans, et quelle méconnaissance déjà, quelle méconnaissance immobilière. – *Le vieux Paris n'est plus (la forme d'une ville*

Change plus vite, hélas ! que le cœur d'un mortel) ;

On demeurait alors dans ce haut de Paris où personne aujourd'hui ne demeure plus. On bâtit tant de maisons partout, boulevard Raspail. M. Salomon Reinach devait demeurer encore 36 ou 38 rue de Lisbonne. Ou un autre numéro. Mais enfin Bernard-Lazare y passait, y pouvait passer comme en voisin, en passant. Le quartier Saint-Lazare. La rue de Rome et la rue de Constantinople. Tout le quartier de l'Europe. Toute l'Europe. Des résonances de noms qui secrètement flattaient leur besoin de voyager, leur aisance à voyager, leur résidence européenne. Un quartier de gare qui flattait leur besoin de chemin de fer, leur goût du chemin de fer, leur aisance en chemin de fer. Tout le monde a déménagé. Quelques-uns dans la mort. Et même beaucoup. Zola demeurait rue de Bruxelles, 81 ou 81 *bis* ou 83 rue de Bruxelles. *Première audience*.

– *Audience du 7 février.* – *Vous vous appelez Émile Zola ?* – *Oui, monsieur.* – *Quelle est votre profession ?* – *Homme de lettres.* – *Quel est votre âge ?* – *Cinquante-huit ans.* – *Quel est votre domicile ?* – *21 bis, rue de Bruxelles.* M. Ludovic Halévy ne demeurait-il pas rue de Douai, qui doit être dans le même quartier. 22, rue de Douai, et encore aujourd'hui 62, rue de Rome, 155, boulevard Haussmann, c'étaient des adresses de ce temps-là. Dreyfus même était de ce quartier. Labori seul demeure encore *41* ou *45 rue Condorcet*. On me dit qu'il vient seulement d'émigrer 12, rue Pigalle, Paris IXème. Toute une population, tout un peuple demeurait ainsi sur les hauteurs de Paris, dans le flanc des hauteurs de Paris, dans ce haut Paris serré, tout un peuple, amis, ennemis, qui se connaissaient, ne se connaissaient pas, mais se sentaient, se savaient voisins de campagne dans cet immense Paris.

Combien de fois n'ai-je point monté, dans les jours douloureux, jusqu'à cette rue de Florence. Jours douloureux pour lui et pour moi, ensemble, également, car tout était perdu, que la politique, notre politique, (je veux dire la politique des nôtres), commençait à dévorer notre mystique. Lui le sentait si je puis dire avec plus de renseignement, je le sentais avec plus d'innocence. Mais il avait encore une innocence désarmante. Et j'avais déjà beaucoup de renseignement.

Je puis dire, pour qu'il n'y ait aucun malentendu, je dois dire que pendant ces dernières années, pendant cette dernière période de sa vie je fus son seul ami. Son dernier et son seul ami. Son dernier et son seul confident. À moi seul il disait alors ce qu'il pensait, ce qu'il sentait, ce qu'il savait enfin. Je le rapporterai quelque jour.

Je suis forcé d'y insister, je fus son seul ami et son seul confident. J'y insiste parce que quelques amis de contrebande qu'il avait, ou plutôt qu'il avait eus, des amis littéraires enfin, entreprenaient de se faire croire, et de faire croire au monde, qu'ils étaient restés ses amis, même après qu'ils avaient saboté, dénaturé, méconnu, inconnu, empolitiqué sa mystique.

Des amis de Quartier enfin, d'anciens amis d'étudiants, peut-être de Sorbonne. Des amis qui tutoient.

Et lui il était si bon que par cette incurable, par cette inépuisable bonté il le leur laissait croire aussi, et il le laissait croire au monde. Mais il m'en parlait tout autrement, parce que j'étais son seul confident, parce qu'il me confiait tous les secrets, tout le secret de sa pensée.

Il avait de l'amitié non pas une idée mystique seulement, mais un sentiment mystique, mais une expérience d'une incroyable profondeur, une épreuve, une expérience, une connaissance mystique. Il avait cet attachement mystique à la fidélité qui est au cœur de l'amitié. Il faisait un exercice mystique de cette fidélité qui est au cœur de l'amitié. Ainsi naquit entre lui et nous cette amitié, cette fidélité éternelle, cette amitié que nulle mort ne devait rompre, cette amitié parfaitement échangée, parfaitement mutuelle, parfaitement parfaite, nourrie de la désillusion, de toutes les autres, du désabusement de toutes les infidélités.

Cette amitié que nulle mort ne rompra.

Il avait au plus haut degré, au plus profond, cette morale de bande, qui est peut-être la seule morale.

Or pour sa mystique même il avait cette fidélité mystique, cette amitié mystique.

Cette amitié, cette morale de bande.

Il avait cette fidélité à soi-même qui est tout de même l'essentiel. Beaucoup peuvent vous trahir. Mais c'est beaucoup, c'est déjà beaucoup que de ne pas se trahir soi-même. Beaucoup de politiques peuvent trahir, peuvent dévorer, peuvent absorber beaucoup de mystiques. C'est beaucoup que les mystiques ne s trahissent point elles-mêmes.

Beaucoup de maréchaux ont pu trahir Napoléon Mais au moins Napoléon ne s'est pas trahi lui-même Le maréchal Napoléon n'a pas trahi Napoléon empereur.

On peut dire que ses dernières joies, tant qu'il marchait, tant qu'il allait encore, furent de venir comme se réchauffer parmi nous aux Jeudis des cahiers, ou, pour parler plus exactement, le jeudi a cahiers. Il aimait beaucoup deviser avec M. Sorel. Je dois dire que leurs propos étaient généralement empreints d'un grand désabusement.

Il avait un goût secret, très marqué, très profond, et presque très violent, pour M. Sorel. Un goût commun de désabusement ; de gens à qui on n'en contait point. Quand ils riaient ensemble, quand ils éclataient, au même moment, car tous les deux avaient le rire jailli, c'était avec une profondeur d'accord, une complicité incroyable. Cet accord saisissant de l'esprit, du rire, qui n'attend pas, qui ne calcule pas, qui d'un coup atteint au plus profond, au dernier point, éclate et révèle. Qui d'un mot atteint au dernier mot. Tout ce que disait M. Sorel le frappait tellement qu'il m'en parlait encore tous les autres matins de la semaine. Ils étaient comme deux grands complices. Deux grands enfants terribles. Deux grands enfants complices qui eussent très bien connu les hommes.

L'amitié qu'il avait pour ces cahiers naissants, pour moi, avait quelque chose de désarmant. C'était toute la sollicitude, toute la tendresse, tout le renseignement, tout l'avertissement d'un grand frère aîné qui en a beaucoup vu.

Qui a été très éprouvé par la vie. Par l'existence.

Dès lors il était suspect. Dès lors il était isolé L'honneur d'avoir fait l'affaire Dreyfus lui collait aux épaules comme une chape inexpiable. Suspect surtout, solitaire surtout dans son propre parti. Pas un Journal, pas une revue n'acceptait, ne tolérait sa signature. On eût pris peut-être à la rigueur un peu de sa copie, en la maquillant, en l'avachissant, en la sucrant. Surtout en enlevant, en effaçant cette diablesse de signature. Il revenait naturellement vers nous. Il n'y avait plus qu'aux cahiers qu'il pût parler, écrire, publier, – causer même. Quand on faisait des pourparlers pour créer un grand quotidien (dans ce temps-là on pourparlait toujours pour créer un grand nouveau quotidien) et qu'on demandait de l'argent aux Juifs (ils en donnaient alors, ils s'en laissaient arracher beaucoup trop, M. Jaurès en sait quelque chose) les capitalistes, les commanditaires juifs n'y mettaient guère qu'une condition : c'était que Bernard-Lazare n'y écrivît pas.

On s'organisait fort proprement de toutes parts pour qu'il mourût tout tranquillement de faim.

Il revenait vers nous comme par sa pente naturelle. Il était comme sacré, c'est-à-dire qu'on le comptait pour son compte, on le mesurait à sa mesure, on le prisait à sa valeur et en même temps et surtout on ne voulait plus entendre parler de lui. Tout le monde le taisait. Ceux qu'il avait sauvés le taisaient plus obstinément, plus silencieusement que tous, l'enfonçaient dans un silence plus sourd, plus obstiné. Quelques-uns, dans la criminelle pénombre de l'arrière-pensée, commençaient à laisser se penser en eux qu'il était peut-être bien heureux, qu'il mourait peut-être juste à temps pour sa gloire. Quelques-uns le pensaient peut-être, quelques-uns le pensaient sans doute. Le fait est, il faut lui rendre cette justice, qu'il mourait opportunément ; commodément pour beaucoup. Presque pour tout le monde. Quelques personnes qu'il avait fait abonner aux cahiers pendant la crise de l'affaire Dreyfus attendaient impatiemment qu'il mourût pour nous envoyer leur désabonnement, se débarrasser de cet énorme tribut de vingt francs par an qu'il leur avait imposé *pendant l'affaire Dreyfus*, comme on disait déjà. Nous reçûmes le désabonnement de M. Louis Louis-Dreyfus dans la quinzaine ou dans le mois, peut-être dans la semaine qui suivit la mort de Bernard-Lazare.

Ceux qu'il avait sauvés étaient les plus pressés. Lui-même le savait très bien. On a beau savoir aussi que c'est la règle. À chaque fois c'est toujours nouveau. Et c'est toujours dur à avaler.

Lui-même il ne se faisait aucune illusion sur les hommes qu'il avait défendus. Il voyait partout les politiques, les hommes politiques arriver, dévorer tout, dévorer, déshonorer son œuvre. Je dirai tout ce qu'il m'a dit. Il atteignait, il obtenait une profondeur de sentiment(s), une profondeur de regret incroyable, il parvenait à ces profondeurs de bonté douce incroyables qui ne peuvent être qu'à base de désabusement.

Une petite minorité, un petit groupe, une immense majorité

de juifs pauvres (il y en a, beaucoup), de misérables (il y en a, beaucoup), lui demeuraient fidèles, lui étaient attachés d'un attachement, d'un amour fanatique, qu'exaspéraient de jour en jour les approches de la mort. Ceux-là l'aimaient. Nous l'aimions. Les riches ne l'aimaient déjà plus.

Je dirai donc quel fut son enterrement.

Je dirai quelle fut toute sa fin.

Je dirai combien il souffrit.

Je dirai, dans ces *confessions*, combien il se tut.

Je vois encore sur moi son regard de myope, si intelligent et ensemble si bon, d'une si invincible, si intelligente, si éclairée, si éclairante, si lumineuse douceur, d'une si inlassable, si renseignée, si éclairée, si désabusée, si incurable bonté. Parce qu'un homme porte un binocle bien planté sur un nez gras barrant, vitrant deux bons gros yeux de myope, le moderne ne sait pas reconnaître, il ne sait pas voir le regard, le feu allumé il y a cinquante siècles. Mais moi je l'ai approché. Seul j'ai vécu dans son intimité et dans sa confidence. Il fallait écouter, il fallait voir cet homme qui naturellement se croyait un moderne. Il fallait regarder ce regard, il fallait entendre cette voix. Naturellement il était très sincèrement athée. Ce n'était pas alors la métaphysique dominante seulement, c'était la métaphysique ambiante, celle que l'on respirait, une sorte de métaphysique climatérique, atmosphérique ; qui allait de soi, comme d'être bien élevé ; et en outre il était entendu, positivement, scientifiquement, victorieusement, que ce n'était pas, qu'elle n'était pas une métaphysique ; il était positiviste, scientificiste, intellectuel, moderne, enfin tout ce qu'il faut ; surtout il ne voulait pas entendre parler de métaphysique(s). Un de ses arguments favoris, celui qu'il me servait toujours, était qu'Israël étant de tous les peuples celui qui croyait le moins en Dieu, c'était évidemment celui qu'il serait le plus facile de débarrasser des anciennes superstitions ; et ainsi ce serait celui qui montrerait la route aux autres. L'excellence des Juifs était selon lui, venait de ce qu'ils étaient comme d'avance les plus libres penseurs. même avec un trait d'union. Et là-dessous, et là-dedans un cœur qui battait à tous les échos du monde, un homme qui sautait sur un journal et qui sur les quatre pages, sur les six, huit, sur les douze pages d'un seul regard comme la foudre saisissait une ligne et dans cette ligne il y avait le mot Juif, un être qui rougissait, palissait, un vieux journaliste, un routier du journal(isme) qui blêmissait sur un écho qu'il trouvait dans ce journal, sur un morceau d'article, sur un filet, sur une dépêche, et dans cet écho, dans ce journal, dans ce morceau d'article, dans ce filet, dans cette dépêche il y avait le mot Juif ; un cœur qui saignait dans tous les ghettos du monde, et peut-être encore plus dans les ghettos rompus, dans les ghettos diffus, comme Paris, que dans les ghettos conclus, dans les ghettos forclus ; un cœur qui saignait en Roumanie et en Turquie, en Russie et en Algérie, en Amérique et en Hongrie partout où le Juif est persécuté, c'est-à-dire, en un certain sens, partout ; un cœur qui saignait en Orient et en Occident, dans l'Islam et en Chrétienté ; un cœur qui saignait en Judée même, et un homme en même temps qui plaisantait les Sionistes ; ainsi est le juif ; un tremblement de colère, et c'était pour quelque injure subie dans la vallée du Dniepr. Aussi ce que nos Puissances ne voulaient pas savoir, qu'il fût le prophète, le juif, le chef, – le dernier colporteur juif le savait, le voyait, le plus misérable juif de Roumanie. Un tremblement, une vibration perpétuelle. Tout ce qu'il faut pour mourir à quarante ans. Pas un muscle pas un nerf qui ne fût tendu pour une mission secrète, perpétuellement vibré pour la mission. Jamais homme ne se tint à ce point chef de sa race et de son peuple, responsable pour sa race et pour son peuple. Un être perpétuellement tendu. Une arrière-tension, une sous-tension inexpiable. Pas un sentiment, pas une pensée, pas l'ombre d'une passion qui ne fût tendue, qui ne fût commandée par un commandement vieux de cinquante siècles, par le commandement tombé il y a cinquante siècles ; toute une race, tout un monde sur les épaules, une race, un monde de cinquante siècles sur les épaules voûtées ; sur les épaules rondes, sur les épaules lourdes ; un cœur élevé de feu, du feu de sa race, consumé du feu de son peuple ; le feu au cœur, une tête ardente, *et le charbon ardent sur la lèvre prophète.*

Quand je viens en relation avec quelqu'un de nos anciens adversaires (c'est un phénomène de plus en plus fréquent, inévitable, désirable même, car il faut bien qu'un peuple se refasse, et se refasse de toutes ses forces), je commence par lui dire : Vous ne nous connaissez pas. Vous avez le droit de ne pas nous connaître. Nos politiciens ont fait une telle *Foire sur la Place* que vous ne pouviez pas voir ce qui se passait *dans la maison*. Nos politiciens n'ont pas dévoré seulement, absorbé notre mystique. Ils la masquaient complètement, au moins au public, à ce qu'on nomme le grand public. Vous n'étiez pas abonné aux cahiers. C'est tout naturel. Vous aviez autre chose à faire. Vous ne lisiez pas les cahiers. Mais cette mystique dont nous parlons, nous ne l'inventons pas aujourd'hui pour les besoins de la cause, nous ne l'improvisons pas aujourd'hui. Elle fut pendant dix et quinze ans la mystique même de ces cahiers en toutes ces matières et nous l'avons assez souvent manifestée. La seule différence qu'il y avait, c'est que masqués par les politiciens nos cahiers ne parvenaient point alors auprès du grand public et qu'aujourd'hui, dans le désarroi des politiciens, et sans doute pour une autre cause, et au moins même pour deux, ils y parviennent.

La seule différence qu'il y a, c'est qu'on ne nous lisait point ; et que l'on commence à nous lire.

Et d'autre part il est certain que nous sommes les seuls, qu'il n'y a que nous qui depuis quinze ans ayons tenu rigoureusement, impeccablement, infailliblement cette mystique. Là était notre force. Et aujourd'hui, obscure avec nous, ignorée avec nous, conservée avec nous, par nos soins, aujourd'hui par nos soins, avec nous cette mystique naturellement apparaît.

Elle était notre force, à nous autres faibles, à nous autres pauvres. La mystique est la force invincible des faibles.

Mais toute la différence qu'il y a, c'est qu'elle était inconnue ; et qu'aujourd'hui, avec nous, en nous elle est connue.

C'est pour cela que je veux bien qu'il y ait une *apologie pour notre passé*, et que je la trouve très bien faite, pourvu qu'il soit bien entendu seulement qu'il ne s'agit pas de *notre* passé, à nous, mais du passé des autres. Mon passé n'a besoin d'aucune apologie. Autrement il y aurait, il se produirait un effet, une illusion d'optique, extrêmement injurieuse pour nous ; et injuste ; et sotte. Un certain nombre, un petit nombre de dreyfusards, le dessus, ont fait, ont subi des démagogies, toute une démagogie, toute une *politique* dreyfusiste. Un certain nombre, un très grand nombre d'autres, nous les dessous, les profondeurs, les sots, nous avons tout fait, tout exposé pour demeurer fidèles à notre mystique, pour nous opposer à l'établissement de la domination de cette politique. C'est nous qui comptons. C'est nous qui représentons. C'est nous qui témoignons. C'est nous qui sommes la preuve. Nous voulons bien que les autres fassent des défenses et des apologies, des remords, des regrets et des soucis, qu'ils fassent des repentirs et des pénitences, laïques, qu'ils demandent et qu'ils obtiennent des absolutions, laïques, civiques, civiles et obligatoires. Nous leur en donnerons même les formules. Mais nous demandons qu'ils ne les demandent pas et ne les obtiennent pas pour nous ; qu'ils ne les exercent pas pour nous ; et deuxièmement qu'ils ne les demandent pas et ne les obtiennent pas et ne les exercent pas pour l'affaire Dreyfus elle-même et pour le dreyfusisme. Je ne veux point d'une *apologie pour Péguy*, ni *pour le passé de Péguy*, ni d'une *apologie pour les cahiers* ni *pour le passé des cahiers*. Je ne veux pas qu'on me défende. Je n'ai pas besoin d'être défendu. Je ne suis accusé de rien.

Je ne redoute rien tant que ceci : qu'on me défende.

Voilà tout le désaveu que j'ai le courage de m'infliger.

Je ne suis pas accusé. *Nous* ne sommes pas accusés. *Notre* affaire Dreyfus n'est pas accusée. Sous ce nom commun d'affaire Dreyfus, comme il arrive si souvent en histoire, sous ce nom presque générique il y a eu au moins, dans la réalité, deux affaires parfaitement distinctes, extrêmement différentes. Deux affaires ont couru, ont poussé leur carrière, ont suivi leur fortune. Ont poussé leur chemin. La nôtre n'a rien à se reprocher. Il y a eu des dreyfusistes purs et des dreyfusistes impurs. C'est le niveau de l'humanité. Il y a eu une affaire Dreyfus pure et une affaire Dreyfus impure. C'est le niveau de l'événement. Nous ne souffrirons pas que la première fasse des excuses, donne des pénitences pour la deuxième. Ou si l'on préfère, que la deuxième en fasse et en donne pour la première. Avec la première. Ensemble. Nous n'avons rien à nous faire pardonner. Nous ne souffrirons pas que ceux qui ont à demander pardon, ou qui ont le goût de demander pardon, demandent pardon aussi ensemble pour nous.

Nous ne voulons pas du tout qu'on nous pardonne.

Nous qui avons tout sacrifié pour nous opposer notamment à la démagogie combiste, issue de notre dreyfusisme, politique issue de notre mystique, nous ne sommes point dans le dreyfusisme une quantité négligeable, qu'il faille ni que l'on puisse négliger dans les comptes, éliminer et mépriser dans et pour les opérations de l'histoire. C'est nous au contraire qui sommes le centre et le cœur du dreyfusisme, qui le sommes restés, c'est nous qui sommes l'âme. L'axe passe par nous. C'est à notre montre qu'il faudra lire l'heure.

Il y a eu, il y a un honneur dreyfusiste. Ceux qui n'ont pas été fidèles à cet honneur, ceux qui n'ont pas suivi cet honneur n'ont point à demander pardon pour ceux qui l'ont suivi, qui le suivent.

Quand de loin en loin je viens en relation avec quelqu'un de ces anciens adversaires, je lui dis : Vous ne nous connaissez pas. Vous ne nous soupçonnez peut-être pas. Vous en avez le droit. Tant des nôtres ne nous connaissent pas. Nos politiciens ont tout fait pour nous dérober à vous, pour nous masquer à vous, pour nous désavouer, pour nous renier, pour nous trahir, notre mystique et nous. Il est tout naturel que placés en face d'eux dans la bataille vous n'ayez vu que le dessus, la politique, qui se manifestait, et que vous ne nous ayez pas vus, que vous n'ayez pas vu le dessous, les profondeurs, qui nourrissaient. Vous avez vu les manifestations et pendant que nous suivions les règles de notre honneur vous n'avez pas vu les forces. C'est la loi même du combat. Aujourd'hui vous ne pouvez pas tout lire. En arrière, en remontant. Vous ne pouvez pas tout nous connaître. On ne se rattrape pas, on ne se refait pas, on ne se remet pas de dix, douze ou quinze ans. Prenez seulement ceci. Et alors je leur donne ou je leur envoie un exemplaire du III-21, Jean Deck, *pour la Finlande*, non point seulement pour qu'ils lisent ce gros et beau travail de notre collaborateur, au moment même où la Finlande, qui avait tout de même un peu résisté à l'autocratie pure, à la bureaucratie autocratique, ne peut plus résister à l'autocratie parlementaire, ne peut plus se défendre contre la bureaucratie autocratique déguisée, masquée d'un vague appareil parlementaire, mais parce qu'à la fin de ce cahier, dans ce désastreux mois d'août de 1902, nous avions, dans le désastre et dans le désarroi de notre zèle, dans le deuil de notre désastre, groupé hâtivement à la fin de ce cahier tout ce que nous avions pu grouper hâtivement de dreyfusiste, tout ce que nous avions pu ramasser contre politique, contre la démagogie de la *loi des congrégations*. Lisez seulement, leur dis-je, à la fin du cahier, ce *dossier* de trente ou quarante pages *pour et contre les congrégations*. Lisez même seulement, à la fin de ce dossier, cette *consultation* de Bernard-Lazare datée du 6 août 1902, intitulée *la loi et les congrégations*. Vingt-cinq pages. Les dernières vraiment qu'il ait données. Un an après il était mort ou mourait.

Il faut leur faire cette justice qu'ils sortent de cette lecture généralement stupéfaits. Ils ne soupçonnaient point qui nous étions. Et surtout ils ne soupçonnaient point que nous l'étions dès le principe. Que nous l'avions été depuis si longtemps, depuis le principe. Ils ne soupçonnaient point cette longue, cette initiale, cette impeccable fidélité. Cette fidélité de toute une vie. Notamment, éminemment ils ne soupçonnaient point ce que c'était qu'un homme comme Bernard-Lazare.

Il faut penser que dans ce *dossier*, dans cette *consultation*, qu'il faut lire, qui n'est pas seulement un admirable monument mais un monument inoubliable, Bernard-Lazare s'opposait de tout ce qu'il avait encore de force à la dénégation, à la déviation du dreyfusisme en politique, en démagogie combiste. Que ceux qui ont succombé, qui ont cédé, si peu que ce fut, à la pire de toutes les démagogies, à la démagogie combiste, fassent des *apologies*, ou qu'on en fasse pour eux. Mais pour ceux qui ont été inébranlables, pour ceux qui n'ont pas cédé d'une ligne, de grâce, que l'on n'en fasse point. Quand on relit cet admirable mémoire de Bernard-Lazare, on est comme choqué, il vient une rougeur à cette idée seulement que l'idée viendrait qu'un tel homme fût englobé, pût être englobé inconsidérément par des tiers, par le public, par les ignorants, dans les graciés, dans les bénéficiaires d'une apologie.

Opérant, travaillant la même matière, évoluant dans la même

matière il y a eu au moins deux affaires Dreyfus, élaborant la matière de la même histoire. Celle de Bernard-Lazare, la nôtre, était innocente et n'a pas besoin d'être défendue. Et en un autre sens encore il y avait très notamment deux affaires Dreyfus, celle qui était sortie de Bernard-Lazare, et celle qui était sortie du colonel Picquart. Celle qui était sortie du colonel Picquart était très bien. Celle qui était sortie de Bernard-Lazare était infinie.

Il faut penser que, notamment dans cette *consultation*, qui fut littéralement son testament mystique, il ne s'opposait pas seulement au combisme, qui fut l'abus, la démagogie du système. Il s'était opposé, non moins vigoureusement, au waldeckisme, qui en était censément l'usage et la norme. Il n'était point allé seulement à l'abus, mais il était remonté à la racine même de l'usage. Il était allé, il était remonté à la racine, jusqu'à la racine. Naturellement, d'un mouvement, d'une requête, d'une réquisition naturelle, comme tout homme de pensée profonde. Il avait discerné l'effet dans la cause, l'abus dans l'usage. Il faut penser donc qu'il s'était opposé, de toutes ses forces, de tout ce qui lui restait de forces, non point au développement seulement, et aux promesses de développement mais à l'origine même, au principe de la *politique* dreyfusiste. Il faut relire ce dossier, cette consultation, cette adjuration éloquente à Jaurès, presque cette mise en demeure, certainement déjà cette menace.

Il faut penser que c'était un homme, j'ai dit très précisément un prophète, pour qui tout l'appareil des puissances, la raison d'État, les puissances temporelles, les puissances politiques, les autorités de tout ordre, politiques, intellectuelles, mentales même ne pesaient pas une once devant une révolte, devant un mouvement de la conscience propre. On ne peut même en avoir aucune idée. Nous autres nous ne pouvons en avoir aucune idée. Quand nous nous révoltons contre une autorité, quand nous marchons contre les autorités, au moins nous les soulevons. Enfin nous en sentons le poids. Au moins en nous. Il faut au moins que nous les soulevions. Nous savons, nous sentons que nous marchons contre elles et que nous les soulevons. Pour lui elles n'existaient pas. Moins que je ne vous dis. Je ne sais même pas comment représenter à quel point il méprisait les autorités, temporelles, comment il méprisait les puissances, comment en donner une idée. Il ne les méprisait même pas. Il les ignorait, et même plus. Il ne les voyait pas, il ne les considérait pas. Il était myope. Elles n'existaient pas pour lui. Elles n'étaient pas de son grade, de son ordre de grandeur, de sa grandeur. Elles lui étaient totalement étrangères. Elles étaient pour lui moins que rien, égales à zéro. Elles étaient comme des dames qui n'étaient point reçues dans son salon. Il avait pour l'autorité, pour le commandement, pour le gouvernement, pour la force, temporelle, pour l'État, pour la raison d'État, pour les messieurs habillés d'autorité, vêtus de raison d'État une telle haine, une telle aversion, un ressentiment constant tel que cette haine les annulait, qu'ils n'entraient point, qu'ils n'avaient point l'honneur d'entrer dans son entendement. Dans cette affaire des congrégations, de cette loi des congrégations, ou plutôt de ces lois successives et de l'application de cette loi, où il était si évident que le gouvernement de la République, sous le nom de gouvernement Combes, manquait à tous les engagements que sous le nom de gouvernement Waldeck il avait pris, dans cette affaire, cette autre affaire, cette nouvelle affaire où il était si évident que le gouvernement faussait la parole d'un gouvernement et par conséquent du gouvernement, faussait enfin la parole de l'État, s'il est permis de mettre ces deux mots ensemble, Bernard-Lazare avait jugé naturellement qu'il fallait acquitter la parole de la République. Il avait jugé qu'il fallait que la République tînt sa parole. Il avait jugé qu'il fallait appliquer, interpréter la loi comme le gouvernement, les deux Chambres, l'État enfin avaient promis de la faire appliquer, s'étaient engagés à l'appliquer, à l'interpréter eux-mêmes. Avaient promis qu'on l'appliquerait. Cela était pour lui l'évidence même. La Cour de Cassation, naturellement aussi, n'hésita point à se ranger à l'avis (de ces messieurs) du gouvernement. Je veux dire du deuxième gouvernement. Un ami (comme on dit) vint lui dire, triomphant : *Vous voyez, mon cher ami, la Cour de Cassation a jugé contre vous.* Les dreyfusards devenus combistes crevaient déjà d'orgueil, et de faire les malins, et de la pourriture politicienne. Il faut avoir vu alors son œil pétillant de malice, mais douce, et de renseignement. Qui n'a pas vu son œil noir n'a rien vu, son œil de myope ; et le pli de sa lèvre. Un peu grasse. – *Mon. cher ami*, répondit-il doucement, *vous vous trompez. C'est moi qui ai jugé autrement que la Cour de Cassation.* L'idée qu'on pouvait un instant lui comparer, à lui Bernard-Lazare, la Cour de Cassation, toutes chambres éployées, lui paraissait bouffonne. Comme l'autre était tout de même un peu suffoqué. – *Mais, mon garçon*, lui dit-il très doucement, *la Cour de Cassation, c'est des hommes.* Il avait l'air souverain de parler très doucement, très délicatement comme à un petit imbécile d'élève. Qui n'aurait pas compris. Pensez que c'était le temps où tout dreyfusard politicien cousinait avec la Cour de Cassation, disait *la Cour de Cassation* en gonflant les joues, crevait d'orgueil d'avoir été historiquement, juridiquement authentiqué, justifié par la Cour de Cassation, roulait des yeux, s'assurait au fond de soi sur la Cour de Cassation que Dreyfus était bien innocent. Il était resté gamin, d'une gaminerie invincible, de cette gaminerie qui est la marque même de la grandeur, de cette gaminerie noble, de cette gaminerie aisée qui est la marque de l'aisance dans la grandeur. Et surtout de cette gaminerie homme qui est rigoureusement réservée aux cœurs purs. Non jamais je n'ai vu une aisance telle, aussi souveraine. Jamais je n'ai vu un spirituel mépriser aussi souverainement, aussi sainement, aussi aisément, aussi également une compagnie temporelle. Jamais je n'ai vu un spirituel annuler ainsi un corps temporel. On sentait très bien que pour lui la Cour de Cassation ça ne lui en imposait pas du tout, que pour lui c'étaient des vieux, des vieux bonshommes, que l'idée de les opposer à lui Bernard-Lazare comme autorité judiciaire était purement baroque, burlesque, que lui Bernard-Lazare était une tout autre autorité judiciaire, et politique, et tout. Qu'il avait un tout autre ressort, une tout autre juridiction, qu'il disait un tout autre droit. qu'ils les voyait parfaitement et constamment dévêtus de leur magistrature, dépouillés de tout leur appareil et de ces robes mêmes, qui empêchent de voir l'homme. Qu'il ne pouvait pas les voir autrement. Même en y mettant de la bonne volonté, toute sa bonne volonté. Parce qu'il était bon. Même en s'y efforçant. Qu'il ne concevait même pas qu'on pût les voir autrement. Que lui-même il ne pouvait les voir qu'en vieux singes tout nus. Nullement, comme on pourrait le croire, d'abord, comme un premier examen, superficiel, hâtif, pourrait d'abord le laisser supposer, en vieux singes revêtus de la simarre et de l'hermine. On sentait si bien qu'il savait que lui Bernard-Lazare il avait fait marcher ces gens-là, qu'on les ferait marcher encore, et que lui Bernard-Lazare on ne le ferait jamais marcher, que ces gens-là surtout ne le feraient jamais marcher. Qu'il avait temporellement fait marcher tout le monde ; et que tout le monde ne le ferait jamais spirituellement marcher. Pour lui ce n'était pas, ce ne serait jamais la plus haute autorité du royaume, la plus haute autorité judiciaire, la plus haute juridiction du royaume, le plus haut magistrat de la République. C'étaient des vieux juges. Et il savait bien ce que : c'était qu'un vieux juge. On sentait si bien qu'il savait qu'il avait fait marcher ces gens-là, et qu'ils ne le feraient jamais marcher. Quand l'autre fut parti : *Vous l'avez vu*, me dit-il en riant. *Il était rigolo avec 'sa' Cour de Cassation*. Notez qu'il était, et très délibérément contre les lois Waldeck même. Contre la loi Waldeck Mais enfin, puisqu'il y avait une loi Waldeck, il voulait, il fallait qu'on s'y tînt juridiquement. Et même loyalement. Qu'on l'appliquât, qu'on l'interprétât comme elle était. Il n'aimait pas l'État. Mais enfin puisqu'il y avait un État, et qu'on ne pouvait pas faire autrement, il voulait au moins que le même État qui fît une loi fût le même aussi qui l'appliquât. Que l'État ne se dérobât point et ne changeât point de nom et de statut entre les deux, qu'il ne fît point ceci sous un nom et qu'il ne le défît point sous un autre, sous un deuxième nom. il voulait au moins que l'État fût, au moins quelques années, constant avec lui-même. L'autre voulait dire évidemment qu'il était d'un très grand prix, d'un prix suprême, d'un prix de cour suprême que la Cour de Cassation eût innocenté Dreyfus. Pour lui ce n'était d'aucun prix. Il considérait cette sorte de consécration juridique comme une consécration purement judiciaire, et uniquement comme une victoire temporelle, surtout sans doute comme une victoire de lui Bernard-Lazare sur la Cour de Cassation. Il ne lui venait point à la pensée qu'une Cour de Cassation pût faire ou ne pas faire, fît ou ne fît pas l'innocence de Dreyfus. Mais il sentait, il savait parfaitement que c'était lui Bernard-Lazare qui faisait l'autorité d'une Cour de Cassation, qui faisait ou ne faisait pas une Cour de Cassation même, parce qu'ils en faisait la nourriture et la matière, et qu'ainsi et en outre il en faisait la forme même. Qu'en un sens, qu'en ce sens il en faisait la magistrature. Ce n'était pas la Cour de Cassation qui lui faisait bien de l'honneur. C'était lui qui faisait bien de l'honneur à la Cour de Cassation. Jamais je n'ai vu un homme croire, savoir a ce point que les plus grandes puissances temporelles, que les plus grands corps de l'État ne tiennent, ne sont que par des puissances spirituelles intérieures. On sait assez qu'il était tout à fait opposé à faire jouer l'article 445 comme on l'a fait jouer (Clemenceau aussi y était opposé), et tous les embarras que nous avons eus du jeu de cet article, les embarras insurmontables qui se sont produits, qui sont résultés du jeu de cet article, ou plutôt de ce jeu de cet article étaient évités si on lui avait laissé le gouvernement de l'affaire. Il ne fait aucun doute qu'il considérait ce jeu comme une forfaiture, comme un abus, comme un coup de force judiciaire, comme une illégalité. En outre, avec son clair bon sens, bien français, ce juif, bien parisien, avec son clair regard juridique il prévoyait les difficultés inextricables où elle nous jetterait, qu'elle rouvrirait éternellement l'affaire ou plutôt qu'elle empêcherait éternellement l'affaire de se clore. Il me disait : *Dreyfus passera devant cinquante conseils de guerre, s'il faut*, ou encore : *Dreyfus passera devant des conseils de guerre toute sa vie. Mais il faut qu'il soit acquitté comme tout le monde*. Le fond de sa, pensée était d'ailleurs que Dreyfus était bien sot de se donner tant de mal pour faire consacrer son innocence par les autorités constituées ; que ces gens-là ne font rien à l'affaire ; puisqu'on l'avait arraché à une persécution inique le principal était fait, tout était fait ; que les revêtements d'autorité, les consécrations judiciaires sont bien superflues, n'existent pas, venant : de corps négligeables ; que c'est faire beaucoup d'honneur à ces messieurs ; qu'on est bien bon, quand on est innocent, en plus de le faire constater. Qu'on apporte, ainsi, à ces autorités, une autorité dont elles ont grand, besoin. Mais alors, au deuxième degré, si on y avait recours, il fallait y avoir recours droitement, il ne, fallait point biaiser, il ne fallait point tricher, *surtout sans doute parce que c'était se donner les apparences, et peut-être la réalité, de s'incliner devant elles, de les redouter*. Puisqu'on y allait, puisqu'on s'en servait, il fallait s'en servir, et y aller droitement. C'était encore un moyen de leur commander. Si c'était de la politique, il fallait au moins qu'elle fût droite. Il avait un goût incroyable de la droiture, surtout dans ce qu'il n'aimait pas, dans la politique et dans le judiciaire. Il se rattrapait pour ainsi dire ainsi d'y aller malgré lui en y étant droit malgré eux. Je n'ai jamais vu quelqu'un savoir aussi bien garder ses distances, être aussi distant, aussi doucement, aussi savamment, aussi horizontalement pour ainsi dire. Je n'ai jamais vu une puissance spirituelle, quelqu'un qui se sent, qui se sait une puissance spirituelle garder aussi intérieurement pour ainsi dire des distances horizontales aussi méprisantes envers les puissances temporelles. Et donc il avait une affection secrète, une amitié, une affinité profonde avec *les autres* puissances spirituelles, même avec les catholiques, qu'il combattait délibérément. Mais il ne voulait les combattre que par des armes spirituelles dans des batailles spirituelles. Sa profonde opposition intérieure et manifestée au waldeckisme même venait ainsi de deux origines. Premièrement, par une sorte d'équilibre, de balancement, d'équité, d'égalité, de justice, de santé politiques, de répartition équitable il ne voulait pas qu'on fît aux autres ce que les autres vous avaient fait, mais qu'on ne voulait pas qu'ils vous fissent. *Les cléricaux nous ont embêtés pendant des années,* disait-il, et plus énergiquement encore, *il ne s'agit pas à présent d'embêter les catholiques.* On n'a jamais vu un Juif aussi peu partisan, aussi peu pensant, aussi peu concevant du talion. Il ne voulait pas rendre précisément le bien pour le mal, mais très certainement le juste pour l'injuste. Il avait aussi cette idée que vraiment ça n'était pas malin, qu'il ne fallait guère se sentir fort pour avoir recours à de telles forces. Or il se sentait fort. Qu'il ne fallait guère avoir confiance en soi. Or il avait confiance en soi. Comme tous les véritables forts. Comme tous les véritables forts il n'aimait point employer des armes faciles, avoir des succès faciles, des succès diminués, dégradés, des succès qui ne fussent point du même ordre de grandeur que les combats qu'il voulait soutenir.

Deuxièmement il avait certainement une sympathie secrète, une entente intérieure avec les autres puissances spirituelles. Sa haine de l'État, du temporel se retrouvait là tout entière. *On ne peut pas poursuivre,* disait-il, *par des lois, des gens qui s'assemblent pour faire leur prière. Quand même ils s'assembleraient cinq cent mille. Si on trouve qu'ils sont dangereux, qu'ils ont trop d'argent, qu'on les poursuive, qu'on les atteigne par des mesures générales, comme tout le monde,* (ce même mot, cette même expression, *comme tout le monde,* dont il se servait toujours, dont il se servait précisément pour Dreyfus), *par des lois, économiques générales, qui poursuivent, qui atteignent tous ceux qui sont aussi dangereux qu'eux, qui ont de l'argent comme eux.* Il n'aimait pas que les partis politiques, que l'État, que les Chambres, que le gouvernement lui enlevât la gloire du combat qu'il voulait soutenir, lui déshonorât d'avance son combat.

D'une manière générale il n'aimait pas, il ne pouvait pas supporter que le temporel se mêlât du spirituel. Tous ces appareils temporels, tous ces organes, tous ces appareils de levage lui paraissaient infiniment trop grossiers pour avoir le droit de mettre leur patte grossière non seulement dans les droits mais même dans les intérêts spirituels. Que des organes aussi grossiers que le gouvernement, la Chambre, l'État, le Sénat, aussi étrangers à tout ce qui est spirituel, missent les doigts de la main dans le spirituel c'était pour lui non pas seulement une profanation grossière, mais plus encore, un exercice de mauvais goût, un abus, l'exercice, l'abus d'une singulière incompétence. Il se sentait au contraire une secrète, une singulière complicité de compétence spirituelle au besoin avec le pape.

Jamais je n'ai vu un homme je ne dis pas croire, je dis savoir à ce point je ne dis pas seulement qu'une conscience est au-dessus de toutes les juridictions mais qu'elle est, qu'elle exerce elle-même dans là réalité une juridiction, qu'elle est la suprême juridiction, la seule.

Si on l'avait suivi, si on avait au moins suivi son enseignement et son exemple, si on avait continué dans son sens, si on avait seulement suivi le respect que l'on devait à sa mémoire, aujourd'hui la révision même du procès Dreyfus ne serait pas en danger *comme elle l'est*. Elle ne serait pas exposée, comme elle l'est.

Aussi nous avons vu son enterrement. Je dirai quel fut son enterrement. Qui nous étions, combien peu dans ce cortège, dans ce convoi, dans cet accompagnement fidèle gris descendant et passant dans Paris. En pleines vacances. Dans ce mois d'août ou plutôt dans ce commencement de mois de septembre. Quelques-uns, les mêmes forcenés, les mêmes fanatiques, Juifs et chrétiens, quelques Juifs riches, très rares, quelques chrétiens riches, très rares, des Juifs et des chrétiens pauvres et misérables, eux-mêmes en assez petit nombre. Une petite troupe en somme, une très petite troupe. Comme une espèce de compagnie réduite qui traversait Paris. De misérables Juifs étrangers, je veux dire étrangers à la nationalité française, car il n'était pas un Juif roumain, je veux dire un Juif de Roumanie, qui ne le sût prophète, qui ne le tînt pour un véritable prophète. Il était pour tous ces misérables, pour tous ces persécutés, un éclair encore, un rallumage du flambeau qui éternellement ne s'éteindra point. Temporellement éternellement. Et comme toutes ces marques mêmes sont de famille, comme tout ce qui est d'Israël est de race, comme ces chose-là restent dans les familles, comment ne pas se rappeler, comment ne point voir cet ancien enterrement quand on voyait si peu de monde, il y a quelques semaines encore, à l'enterrement de sa mère. Relativement peu de monde. Et pourtant ils connaissaient beaucoup de monde. Je dirai sa mort, et sa longue et sa cruelle maladie, et tout le lent et si prompt acheminement de sa mort. Cette sorte de maladie féroce. Comme acharnée. Comme fanatique. Comme elle-même forcenée. Comme lui. Comme nous. Je ne sais rien de si poignant, de si saisissant, je ne connais rien d'aussi tragique que cet homme qui se roidissant de tout ce qui lui restait de force se mettait en travers de son parti victorieux. Qui dans un effort désespéré, où il se brisait lui-même, essayait, entreprenait de remonter cet élan, cette vague, ce terrible élan, l'insurmontable élan de la victoire et des abus, de l'abus de la victoire. Le seul élan qu'on ne remontera jamais. L'insurmontable élan de la victoire acquise. De la victoire faite. De l'entraînement de la victoire. L'insurmontable, le mécanique, l'automatique élan du jeu même de la victoire. Je le revois encore dans son lit. Cet athée, ce professionnellement athée, cet officiellement athée en qui retentissait, avec une force, avec une douceur incroyable, la parole éternelle ; avec une force éternelle ; avec une douceur éternelle ; que je n'ai jamais retrouvée égale nulle part ailleurs. J'ai encore sur moi, dans mes yeux, l'éternelle bonté de ce regard infiniment doux, cette bonté non pas lancée, mais posée, renseignée. Infiniment désabusée ; infiniment renseignée ; infiniment insurmontable elle-même. Je le vois encore dans son lit, cet athée ruisselant de la parole de Dieu. Dans la mort même tout le poids de son peuple lui pesait aux épaules. Il ne fallait point dire qu'il n'en était point responsable. Je n'ai jamais vu un homme ainsi chargé, aussi chargé d'une charge, d'une responsabilité éternelle.

Comme nous sommes, comme nous nous sentons chargés de nos enfants, de nos propres enfants dans notre propre famille, tout autant, exactement autant, exactement ainsi il se sentait chargé de son peuple. Dans les souffrances les plus atroces il n'avait qu'un souci : que ses Juifs de Roumanie ne fussent point omis artificieusement, pour faire réussir le mouvement, dans ce mouvement de réprobation que quelques publicistes européens entreprenaient alors contre les excès des persécutions orientales. Je le vois dans son lit. On montait jusqu'à cette rue de Florence ; si rive droite, pour nous, si loin du Quartier. Les autobus ne marchaient pas encore. On montait par la rue de Rome, ou par la rue d'Amsterdam, cour de Rome ou cour d'Amsterdam, je ne sais plus laquelle des deux se nomme laquelle, jusqu'à ce carrefour montant que je vois encore. Cette maison riche, pour le temps, où il vivait pauvre. Il s'excusait de son loyer, disant : J'ai un bail énorme sur le dos. Je ne sais pas si je pourrai sous-louer comme je le voudrais. Quand j'ai pris cet appartement-là, je croyais que je ferais un grand journal et qu'on travaillerait ici. J'avais des plans. Il en était loin, de faire un grand journal. Les journaux des autres se faisaient, des autres mêmes, à condition qu'il n'y fût pas. Je revois encore cette grande 3 chambre, rue de Florence, 5, (ou *7*) rue de Florence, la chambre du lit, la chambre de souffrance, la chambre de couchée, la chambre d'héroïsme, (la chambre de sainteté), la chambre mortuaire. La chambre du lit d'où il ne se releva point. L'ai-je donc tant oublié moi-même que ce 5, (ou ce 7), ne réponde plus mécaniquement à l'appel de ma mémoire, que ce 5 et ce 7 se battent comme des chiffonniers dans le magasin de ma mémoire, que chacun s'essaye et fasse valoir se titres. Et pourtant j'y suis allé. Et nous disions familièrement entre nous : Est-ce que tu es allé rue de Florence. Dans la grande chambre rectangulaire, je vois le grand lit rectangulaire. Une, ou deux, ou trois grandes fenêtres rectangulaires donnaient de grand jours de gauche obliques rectangulaires ; tombant descendant lentement ; lentement penchés. Le lit venait du fond, non pas du fond opposé aux fenêtres où étaient les portes, et, je pense, les corridors, mais du fond qu'on avait devant soi quand on avait le fenêtres à gauche. De ce fond le lit venait bien a milieu, bien carrément, la tête au fond, jointe le fond, les pieds vers le milieu de la chambre. Lui-même juste au milieu de son lit, sur le dos, symétrique, comme l'axe de son lit, comme un axe d'équité. Les deux bras bien à gauche et à droite. C'étaient dans les derniers temps. La maladie approchait de sa consommation. Une profonde, une vigilante affection fraternelle, la diligence d'une affection fraternelle pensait déjà à lui faire, à lui préparer une mort qui ne fût point la consommation de cette cruauté, qui fût plus douce, un peu adoucie, qui n'eût point toute la cruauté, toute la barbarie de cette maladie forcenée. Qui ne fût point le couronnement de cette cruauté. On lui avait conté des histoires sur sa maladie, des histoires et des histoires. Qu'en croyait-il ? Il faisait, comme tout le monde, semblant de les croire. Qu'en croyait-il c'est le secret des morts. *Morientium ac mortuorum*. Dans cette incurable lâcheté du monde moderne, où nous osons tout dire à l'homme, excepté ce qui l'intéresse, où nous n'osons pas dire à l'homme la plus grande nouvelle, la nouvelle de la seule grande échéance nous avons menti nous-mêmes tant de fois, nous avons tant menti à tant de mourants et à tant de morts qu'il faut bien espérer que quand c'est notre tour nous ne croyons pas nous-mêmes tout à fait aux mensonges que l'on nous fait. Il faisait donc semblant d'y croire. Mais dans ses beaux yeux doux, dans ses grands et gros yeux clairs il était impossible de lire. Ils étaient trop bons. Ils étaient trop doux. Ils étaient trop beaux. *Ils étaient trop clairs*. Il était impossible de savoir si c'était pas un miracle d'espérance (temporelle) (et peut-être plus) qu'il espérait encore ou si c'était par un miracle de charité, pour nous, qu'il faisait semblant d'espérer. Son œil même, son œil clair, d'une limpidité d'enfant, était comme un binocle, comme un deuxième verre, comme une deuxième vitre, comme un deuxième binocle de douceur et de bonté, de lumière, de clarté. Impénétrable. Parce qu'on y lisait comme on voulait. C'étaient les derniers temps. Peu de gens pouvaient encore le voir, des parents mêmes. Mais il m'aimait tant qu'il me maintenait sur les dernières listes. J'étais assis au long de son lit à gauche au pied. À sa droite par conséquent. Il parlait de tout comme s'il dût vivre cent ans. Il me demanda comment je venais. Il me dit, avec beaucoup d'orgueil enfantin, que le métro Amsterdam était ouvert. Ou quelque autre. Il se passionnait ingénument pour tout ce qui était voies et moyens de communications. Tout ce qui était allées et venues, géographiques, topographiques, télégraphiques, téléphoniques, aller et retour, circulations, déplacements, replacements, voyages, exodes et deutéronomes lui causait un amoncellement de joie enfantine inépuisable. Le métro particulièrement lui était une victoire personnelle. Tout ce qui était rapidité, accélération, fièvre de communication, déplacement, circulation rapide l'emplissait d'une joie enfantine, de la vieille joie, d'une joie de cinquante siècles. C'était son affaire, propre. *Être ailleurs*, le grand vice de cette race, la grande vertu secrète ; la grande vocation de ce peuple. Une renommée de cinquante siècles ne le mettait point en chemin de fer que ce ne fût quelque caravane de cinquante siècles. Toute traversée pour eux est la traversée du désert. Les maisons les plus confortables, les mieux assises, avec des pierres de taille grosses comme les colonnes du temple, les maisons les plus immobilières, les plus immeubles, les immeubles les plus écrasants ne sont jamais pour eux que la tente dans le désert. *Le granit remplaça la tente aux murs de toile.* Qu'importe ces pierres de taille plus grosses que les colonnes du temple. Ils sont toujours sur le dos des chameaux. Peuple singulier. Combien de fois n'y ai-je point pensé. Pour qui les plus immobilières maisons ne seront jamais que des tentes. Et nous au contraire, qui avons réellement couché sous la tente, sous des vraies tentes, combien de fois n'ai-je point pensé à vous, Lévy, qui n'avez jamais couché sous une tente, autrement que dans la Bible, au bout de quelques heures ces tentes du camp de Cercottes étaient déjà nos maisons. *Que vos pavillons sont beaux, ô Jacob ; que vos tentes sont belles, ô Israël.* Combien de fois n'y ai-je point pensé, combien de fois n'ai-je point pensé à vous, combien de fois ces mots ne me remontaient-ils pas sourdement comme une remontée d'une gloire de cinquante siècles, comme une grande joie secrète de gloire, dont j'éclatais sourdement par un ressouvenir sacré quand nous rentrions au camp, mon cher Claude, par ces dures nuits de mai. Peuple pour qui la pierre des maisons sera toujours la toile des tentes. Et pour nous au contraire c'est la toile des tentes qui était déjà, qui sera toujours la pierre de nos maisons. Non seulement il n'avait donc pas eu pour le métropolitain cette aversion, cette distance qu'au fond nous lui gardons toujours, même quand il nous rend les plus grands services, *parce qu'il nous transporte trop vite*, et au fond qu'il nous rend trop de services, mais au contraire il avait pour lui une affection propre toute orgueilleuse, comme un orgueil d'auteur. On le perçait alors, la ligne numéro I seulement je crois était en exploitation. Il avait un orgueil local, un orgueil de quartier, qu'ils eût abouti, déjà, jusqu'à lui, un des premiers, qu'il eût percé jusqu'à lui, qu'il eût commencé à monter vers ces hauteurs. Il me l'avait dit, quelques mois auparavant, quand on avait essayé de l'envoyer, comme tout le monde, vers les réparations du Midi. Il était allé d'hôtel en hôtel. Il était heureux comme un enfant. Jusqu'à ce qu'il trouva une espèce de petite maison de paysan ; qu'il me présenta dans une lettre comme le paradis réalisé. Et d'où naturellement il revint rapidement, il rentra à Paris. Il me l'avait dit alors, dans un de ces mots qui éclairent un homme, un peuple, une race. *Voyez-vous, Péguy*, me disait-il, *je ne commence à me sentir chez moi que quand j'arrive dans un hôtel*. Il le disait en riant, mais c'était vrai tout de même.

En somme, dans l'action, dans la politique, puisqu'il en faut une, puisqu'il fallait y descendre, il était partisan du droit commun. Droit commun dans l'affaire Dreyfus, droit commun dans l'affaire Congrégations. Droit commun *pour* Dreyfus, droit commun *contre* les congrégations. Cela n'a l'air de rien, cela peut mener loin. Cela le mena jusqu'à l'isolement dans la mort.

Il était essentiellement pour la justice, pour l'équité, pour l'égalité (non point naturellement au sens démocratique, mais au sens d'équilibre parfait, d'horizontalité parfaite dans la justice). Il était contre l'exception, contre la loi d'exception, contre la mesure d'exception, qu'elle fût pour ou contre, persécution ou grâce. Il était pour le *niveau* de la justice.

Je le regardais donc ce matin-là, 7, rue de Florence. Et je l'écoutais. J'étais assis au pied de son lit à gauche comme un disciple fidèle. Tant de douceur, tant de mansuétude dans une si cruelle situation me désarmait, me dépassait. Tant de douceur pour ainsi dire inexpiable. J'écoutais dans une piété, dans un demi-silence respectueux, affectueux, ne lui fournissant que le propos pour se soutenir. Le *Beethoven* de Romain Rolland venait de paraître. Nos abonnés se rappellent encore quelle soudaine révélation fut ce cahier, quel émoi il souleva d'un bout à l'autre, comme il se répandit soudainement, comme une vague, comme en dessous, pour ainsi dire instantanément, comme il fut soudainement, instantanément, dans une révélation, aux yeux de tous, dans une entente soudaine, dans une commune entente, non point seulement le commencement de la fortune littéraire de Romain Rolland, et de la fortune littéraire des cahiers, mais infiniment plus qu'un commencement de fortune littéraire, une révélation morale, soudaine, un pressentiment dévoilé, révélé, la révélation, l'éclatement, la soudaine communication d'une grande fortune morale. Mais tout ce mouvement se gonflait, n'avait pas encore eu le temps de se manifester. Le cahier, je le répète, venait tout juste de paraître. Bernard-Lazare me dit : *Ah j'ai lu votre cahier de Romain Rolland. C'est vraiment très beau. Il faut avouer que l'âme juive et l'âme hellénique ont été deux grands morceaux de l'âme universelle.* Je ne manifestai rien, parce que j'ai dit que quand on va voir un malade on est résolu à ne rien manifester. On est donc gardé par une cuirasse, invincible, par un masque impénétrable. Mais je fus saisi, je me sentis poursuivi jusque dans les vertèbres. Car j'étais venu pour voir, je m'étais attendu à voir les avancées de la mort. Et c'est déjà beaucoup. Et je voyais brusquement les avancées des au-delà de la mort. Pour mesurer la profondeur, la nouveauté d'un tel mot, *l'âme éternelle*, et même *l'âme juive*, et *l'âme hellénique*, il faut savoir à quel point, avec quel scrupule religieux ces hommes, les hommes de cette génération évitaient d'employer le moindre mot du jargon mystique. On parlait alors de *recommencer* l'affaire Dreyfus, de *reprendre* l'affaire Dreyfus. Il faut se rappeler qu'entre l'affaire Dreyfus elle-même et la deuxième affaire Dreyfus il y eut un long temps de calme plat, du silence, d'une solitude totale. On ne savait pas alors, du tout, pendant tout ce temps, si l'affaire recommencerait ; jamais. Mieux eût valu qu'elle ne recommençât point. Nous n'eussions point été acquittés par la Cour de Cassation. Mais nous demeurions ce que nous étions, nous demeurions purs devant le pays et devant l'histoire. Mais tout pantelants de cette grande Affaire, de cette première grande histoire, tout suants et tout bouillants de la bataille, tout déconcertés du repos, du calme, du plat, de la paix fourrée, du repos louche, du traité louche, de l'inaction, de la paix des dupes, tout anxieux de n'avoir point obtenu, atteint tous les résultats temporels que nous espérions, que nous attendions, que nous escomptions, de n'avoir point réalisé le royaume de la justice sur la terre et le royaume de la vérité, tout anxieux surtout de voir notre mystique nous échapper, nous ne pensions dans le secret de nos cœurs qu'une reprise de l'affaire, à ce que nous nommions entre nous, comme des conjurés, la *reprise*. Nous ne prévoyions pas, hélas, que cette reprise n'en serait que plus basse dégradation, un détournement total, un détournement grossier de la mystique en politique. Nous en parlions. Lui, dans son lit, m'en parlait doucement. Je vis rapidement qu'il m'en parlait comme d'une conjuration, mais comme d'une conjuration étrangère, à laquelle il demeurait étranger. De gré, de force ? Je lui dis : Mais enfin qu'est-ce qu'ils vont faire. Ils ne vous ont donc pas demandé conseil ? Il me répondit doucement : *Ils ont préféré s'adresser à Jaurès*. Ils sont si contents de faire quelque chose sans moi.

Ils, c'était tout, c'étaient tous les autres, c'était Dreyfus qu'il aimait comme un jeune frère.

Il ne fait aucun doute que pour nous la mystique dreyfusiste fut non pas seulement un cas particulier de la mystique chrétienne, mais qu'elle en fut un cas, éminent, une accélération, une crise temporelle, une sorte d'exemple et de passage que je dirai nécessaire. Comment le nier, à présent que nous sommes à douze et quinze ans de notre jeunesse et qu'enfin nous voyons clair dans notre cœur. Notre dreyfusisme était une religion, je prends le mot dans son sens le plus littéralement exact, une poussée religieuse, une crise religieuse, et je conseillerais même vivement à quiconque voudrait étudier, considérer, connaître un mouvement religieux dans les temps modernes, bien caractérisé, bien délimité, bien taillé, de saisir cet exemple unique. J'ajoute que pour nous, chez nous, en nous ce mouvement religieux était d'essence chrétienne, d'origine chrétienne, qu'il poussait de souche chrétienne, qu'il coulait de l'antique source. Nous pouvons aujourd'hui nous rendre ce témoignage. La Justice et la Vérité que nous avons tant aimées, à qui nous avons donné tout, notre jeunesse, tout, à qui nous

nous sommes donnés tout entiers pendant tout le temps de notre jeunesse n'étaient point des vérités et des justices de concept, elles n'étaient point des justices et des vérités mortes, elles n'étaient point des justices et des vérités de livres et de bibliothèques, elles n'étaient point des justices et des vérités conceptuelles, intellectuelles, des justices et des vérités de parti intellectuel, mais elles étaient organiques, elles étaient chrétiennes, elles n'étaient nullement modernes, elles étaient éternelles et non point temporelles seulement, elles étaient des Justices et des Vérités, *une* Justice et *une* Vérité *vivantes*. Et de tous les sentiments qui ensemble nous poussèrent, dans un tremblement, dans cette crise unique, aujourd'hui nous pouvons avouer que de toutes les passions qui nous poussèrent dans cette ardeur et dans ce bouillonnement, dans ce gonflement et dans ce tumulte, une vertu était au cœur et que c'était la vertu de charité. Et je ne veux pas rouvrir un ancien débat, aujourd'hui, désormais historique, mais dans nos ennemis, chez nos ennemis, chez nos adversaires d'alors, historiques comme nous, devenus historiques, je vois beaucoup d'intelligence, beaucoup de lucidité même, beaucoup d'acuité : ce qui me frappe le plus, c'est certainement un certain manque de charité. Je ne veux pas anticiper sur ce qui est le propre des *confessions*. Mais il est incontestable que dans tout notre socialisme même il y avait infiniment plus de christianisme que dans toute la Madeleine ensemble avec Saint-Pierre de Chaillot, et Saint-Philippe du Roule, et Saint-Honoré d'Eylau. Il était essentiellement une religion de la pauvreté temporelle. C'est donc, c'est assurément la religion qui sera jamais la moins célébrée dans les temps modernes. Infiniment, d'infiniment la moins chômée. Nous en avons été marqués si durement, si ineffaçablement, nous en avons reçu une empreinte, une si dure marque, si indélébile que nous en resterons marqués pour toute notre vie temporelle, et pour l'autre. Notre socialisme n'a jamais été ni un socialisme parlementaire ni un socialisme de paroisse riche. Notre christianisme ne sera jamais ni un christianisme parlementaire ni un christianisme de paroisse riche. Nous avions reçu dès lors une telle vocation de la pauvreté, de la misère même, si profonde, si intérieure, et en même temps si historique, si éventuelle, si événementaire que depuis nous n'avons jamais pu nous en tirer, que je commence à croire que nous ne pourrons nous en tirer jamais.

C'est une sorte de vocation.

Une destination.

Ce qui a pu donner le change, c'est que toutes les forces *politiques* de l'Église étaient contre le dreyfusisme. Mais les forces politiques de l'Église ont toujours été contre la mystique. Notamment contre la mystique chrétienne. C'est l'application la plus éminente qu'il y ait jamais eu de cette règle générale que nous posions plus haut.

On pourrait même dire que l'affaire Dreyfus fut un *beau cas* de religion, de mouvement religieux, de commencement, d'origine de religion, un cas rare, peut-être un cas unique.

La mystique dreyfusiste enfin fut pour nous essentiellement une crise de (la) mystique française. Cette affaire fut pour nous et par nous très exactement dans la ligne française. Comme elle avait été très exactement pour nous et par nous dans la ligne chrétienne. Nous-mêmes nous y fûmes très exactement dans la ligne française comme nous y avions été très exactement dans la ligne chrétienne. Nous y fûmes de qualité française comme nous y avions été de qualité chrétienne.

Nous y déployâmes proprement les vertus, les qualités françaises, les vertus de la race : la vaillance claire, la rapidité, la bonne humeur, la constance, la fermeté, un courage opiniâtre, mais de bon ton, de belle tenue, de bonne tenue, fanatique à la fois et mesuré, forcené ensemble et pleinement sensé ; une tristesse gaie, qui est le propre du Français ; un propos délibéré ; une résolution chaude et froide ; une aisance, un renseignement constant ; une docilité et ensemble une révolte constante à l'événement ; une impossibilité organique à consentir à l'injustice, à prendre son parti de rien. Un délié, une finesse de lame. Une acuité de pointe. Il faut dire simplement que nous fûmes des héros. Et plus précisément des héros à la française. (La preuve, c'est que nous ne nous en sommes pas relevés, que nous ne nous en sommes pas retirés). (Toute notre vie peut-être nous serons des demi-soldes). Il faut bien voir en effet comment la question se posait. La question ne se posait nullement alors, pour nous, de savoir si Dreyfus était innocent ou coupable. Mais de savoir si on n'aurait pas le courage de le déclarer, de le savoir innocent.

Quand nous écrirons cette *histoire de l'affaire Dreyfus* qui sera proprement les *mémoires d'un dreyfusiste* il y aura lieu d'examiner, d'étudier de très près et nous établirons très attentivement, dans le plus grand détail, ce que je nommerai la *courbe de la croyance publique à l'innocence de Dreyfus*. Cette courbe a subi naturellement les variations les plus extraordinaires. Naturellement aussi les antidreyfusistes ont tout fait pour la faire *monter* et il faut rendre cette justice aux dreyfusistes qu'ils ont généralement tout fait pour la faire *descendre*. Partie des environs de *zéro* en 1894 (la famille et quelques très rares personnes exceptées), on peut dire qu'elle monta, qu'à travers des soubresauts de toute sorte, des fluctuations politiques et historiques comme il ne manque jamais de s'en produire pour ces sortes de courbes elle monta constamment jusqu'au jour où le bateau qui ramenait Dreyfus en France introduisit parmi nous le corps même du débat. Dès lors, malgré les apparences, malgré un palier apparent, malgré une apparence d'horizontalité, en réalité elle commença de baisser lentement, régulièrement. Malgré des fortunes diverses, malgré des apparences de fortunes en réalité elle commença de tomber. Cette descente, cette chute, cette baisse est arrêtée aujourd'hui, on peut croire qu'elle est arrêtée pour toujours, parce qu'elle ne peut guère aller plus avant, tomber plus bas, parce que beaucoup de monde aujourd'hui s'en moquent totalement, et surtout parce que nous sommes retombés à un certain équilibre, dans un certain équilibre très tentant, très solide, très commun, le même où nous nous étions arrêtés si longtemps à la montée : la France, le monde, l'histoire coupés en deux, en deux partis bien distincts, bien coupés, bien arrêtés, croyant professionnellement, officiellement, l'un à la culpabilité et l'autre à l'innocence, faisant profession de croire l'un à la culpabilité et l'autre à l'innocence. C'est la situation, c'est la position commune, usuelle, familière, pour ainsi dire classique, c'est la situation connue, le monde coupé en deux sur une question. C'est la situation commode, car c'est la situation de guerre, la situation de haine, mutuelle. C'est la situation à laquelle tout le monde est habitué. C'est donc celle qui durera, qui déjà faillit durer pendant la montée de notre courbe, qui s'est retrouvée, qui s'est reçue, qui s'est recueillie elle-même au même niveau dans la descente, qui ne se reperdra plus, qui sera définitive. Avec les amortissements successifs naturellement par la successive arrivée des nouvelles générations ; avec les amortissements croissants et l'extinction finale, l'extinction historique. Ce qu'il y a de remarquable, c'est combien cette situation, ce palier intermédiaire est commode, du pays coupé en deux, combien nous nous y sommes arrêtés complaisamment, commodément, à la montée, comment, combien nous nous y sommes retrouvés aisément, rapidement à la descente. Commodément. Combien nous nous y mouvions aisément, naturellement à la montée, en pleine bataille, combien nous y bataillions aisément, naturellement, comme chez nous, et combien nous nous y sommes même attardés. Et combien au retour, à la descente nous l'avons retrouvé aisément, combien rapidement nous nous y sommes retrouvés chez nous. Mais ce qui est incontestable c'est que cette courbe, dans ces soubresauts, à l'issue de cette montée atteignit plusieurs fois un *maximum* qui était même un *universum*. Je veux dire que dans ces fluctuations, dans ces agitations, dans cette crise, dans ces sautes, dans ces coups de force et dans ces coups de théâtre il y eut au moins deux ou trois fois quarante-huit heures où tout le pays (nos adversaires mêmes et je dis même leurs chefs) crut à l'innocence de Dreyfus. Par exemple, notamment dans ce coup de foudre, instantanément après ce coup de théâtre du colonel Henry au Mont-Valérien (mort ou simulation de mort, assassinat, meurtre, suicide ou simulation de suicide). (Enfin disparition). Comment nous sommes retombés, redescendus de ce *summum*, qui ce jour, qui dans cet éclair paraissait définitivement acquis, comment on nous en a fait redescendre, comment on a ainsi, autant réussi à faire redescendre cette courbe, c'est le secret des politiciens. C'est le secret des politiques. C'est le secret de la politique même. C'est le secret de Dreyfus même, dans la mesure, et elle est totale, où nous quittant il s'est remis tout entier aux mains des politiques. Comment on a réussi à tenir cette gageure, à nous faire tomber de ce *maximum* total, c'est la grande habileté, c'est le secret des politiciens. Comment on perd une bataille qui était gagnée, demandez-le à Jaurès. Aujourd'hui nous sommes condamnés à la contestation, perpétuelle, jusqu'à cet émoussement, cette hébétude, cette oblitération, inévitable, qui vient du temps, des générations suivantes, qu'on nomme proprement l'histoire, la position, l'acquisition de l'histoire. Quand nos ennemis, quand nos adversaires nous reprochaient d'être le parti de l'étranger, ils avaient totalement tort, absolument tort sur nous et contre nous (sur notre mystique et contre nos mystiques ; ils avaient partiellement raison sur et contre notre État-Major, qui précisément nous masquait à eux, qui faisait même tout ce qu'il pouvait pour nous masquer, devant le monde, et qui y a si parfaitement, si complètement réussi ; ils avaient partiellement raison, (peut-être pour un tiers, en quotité), sur et contre nos chefs, sur et contre notre politique, sur et contre nos politiciens, l'adhésion à Hervé et à l'hervéisme, la flatterie pour Hervé et pour l'hervéisme, la lâcheté, le tremblement de Jaurès, la platitude, l'aplatissement devant Hervé et devant le hervéisme, plus que cela l'empressement, la sollicitude empressée pour Hervé et l'hervéisme l'ont bien prouvé) ; mais enfin ils avaient le droit de ne pas nous connaître, dans le fatras de la bataille il pouvaient à la rigueur, historiquement, à la rigueur historique ils pouvaient ne pas nous connaître ; la Foire sur la Place pouvait leur masquer l'intérieur de la maison ; ils pouvaient ne voir que la parade politique ; mais enfin au pis aller, à l'extrême, à la limite, à l'extrême rigueur quand nos ennemis, quand nos adversaires nous accusaient d'être le parti de l'étranger, ils ne pouvaient jamais que nous faire un tort temporel ; un tort extrême temporel, un tort capital temporel, mais en fin un tort temporel. Ils ne pouvaient pas nous déshonorer. Ils pouvaient nous faire perdre nos biens, ils pouvaient nous faire perdre la liberté, ils pouvaient nous faire perdre la vie, ils pouvaient nous faire perdre la terre même de la patrie, Ils ne pouvaient pas nous faire perdre l'honneur. Au contraire quand Jaurès, par une suspecte, par une lâche complaisance à tout l'hervéisme, et à Hervé lui-même, à Hervé personnellement, d'une part, pour la patrie, laissait dire et laissait faire qu'il fallait renier, trahir et détruire la France ; créant ainsi cette illusion politique, que le mouvement dreyfusiste était un mouvement antifrançais ; et quand d'autre part, pour la foi, quand mû par les plus bas intérêts électoraux, poussé par la plus lâche, par la plus basse complaisance aux démagogies, aux agitations radicales il disait, il faisait que l'affaire Dreyfus et le dreyfusisme entrassent, comme une partie intégrante, dans la démagogie, dans l'agitation radicale anticléricale, anticatholique, antichrétienne, dans la séparation des Églises et de l'État, dans la loi des Congrégations, waldeckiste, dans la singulière application, dans l'application combiste de cette loi ; créant ainsi cette illusion, politique, que le mouvement dreyfusiste était un mouvement antichrétien ; il ne nous trahissait pas seulement, il ne nous faisait pas seulement dévier, il nous déshonorait. Il ne faut jamais oublier que le combisme, le système combiste, la tyrannie combiste, d'où sont venus tous ces maux, a été une invention de Jaurès, que c'est Jaurès qui par sa détestable force politique, par sa force oratoire, par sa force parlementaire a imposé cette invention, cette tyrannie au pays, cette domination, que lui seul l'a maintenue et a pu la maintenir ; que pendant trois et même quatre ans il a été, sous le nom de M. Combes, le véritable maître de la République. « *Quand Jaurès*, disait déjà Bernard-Lazare dans cet admirable dossier, dans cet admirable mémoire, dans cette admirable consultation, datée de *Paris, 6 août 1902*, quand on voulait que la loi Waldeck eût un effet global, et qu'elle eût un effet rétroactif, *Quand Jaurès se présente devant nous pour soutenir une œuvre qu'il approuve, à laquelle il veut collaborer, il doit, parce qu'il est Jaurès, parce qu'il a été notre compagnon dans une bataille qui n'est pas finie*, (ce qu'il y avait d'admirable en effet, même au point de vue politique, au seul point de vue politique, et Bernard-Lazare, avec sa grande lucidité *politique*, l'avait aperçu instantanément, c'était qu'on n'avait même pas attendu la fin de l'affaire Dreyfus, la conclusion pour opérer la contamination, la dégénération, le déshonneur, la déviation, la dégradation de mystique en politique, mais c'était entre les deux affaires Dreyfus même que l'on se préparait à la commettre, à l'accomplir, avant même d'avoir liquidé l'affaire, au moment même où on se préparait à la rouvrir, à la reprendre), (c'est-à-dire qu'on avait commencé d'opérer la dégénération de mystique en politique au moment même où l'on se préparait à faire appel de nouveau à toutes les forces, aux forces incalculables de la mystique.

C'est pour cela que nos politiciens, que nos politiques furent les derniers des criminels, qu'ils furent des criminels au deuxième degré. S'ils n'avaient fait que leur politique, pour ainsi dire professionnellement, s'ils n'avaient fait qu'exercer leur métier de politiciens, ils pouvaient n'être coupables qu'au premier degré, criminels qu'au premier degré. Mais ils voulaient en même temps conserver tous les avantages de la mystique. Et c'est cela très précisément qui constitue le deuxième degré. Ils voulaient bien en même temps trahir la mystique et en même temps non pas seulement s'en réclamer, non pas seulement s'en revêtir et s'en servir et apparaître avec, mais continuer à l'exciter. Ils voulaient, ils entendaient jouer le double jeu, ils voulaient jouer ensemble les deux jeux contraires, et le mystique, et le politique, qui exclut le mystique, ils se préparaient à jouer le double jeu, ils entendaient jouer ensemble de *leur* politique et de *notre* mystique, cumuler les avantages de leur politique et de notre mystique, s'avantager ensemble de leur politique et de notre mystique, jouer toujours ensemble le temporel et l'éternel.

Jouer le temporel avec les puissants de ce monde et en même temps faire appel à la mystique et à l'argent des pauvres gens, puiser toujours dans le cœur et dans la bourse des pauvres gens. C'est ce qui fait que la responsabilité de Jaurès dans ce crime, dans ce double crime, dans ce crime au deuxième degré est culminante. Lui entre tous, lui au chef de l'opération il était un politicien comme les autres, pire que les autres, un retors entre les retors, un fourbe entre les fourbes ; mais lui il faisait semblant de n'être pas un politicien. De là sa nocivité culminante. De là sa responsabilité culminante. Quand les nationalistes, professionnels, disaient que nous étions *le parti de l'étranger*, ils ne pouvaient que nous calomnier, ils ne pouvaient que nous faire un tort temporel, à la limite un tort temporel limite, à l'extrême un tort temporel extrême. Quand Jaurès au contraire parlait pour nous, s'avouait pour nous, quand à ce titre, à notre titre, il intercalait le dreyfusisme et l'affaire Dreyfus d'une part dans l'antipatriotisme, politique, dans l'antipatriotisme hervéiste, dans la politique antipatriotique, hervéiste, dans l'agitation, dans la démagogie antipatriotique, hervéiste, quand il l'intercalait d'autre part dans cette autre démagogie politique, dans la démagogie antichrétienne, il atteignait, il touchait, il blessait au cœur le dreyfusisme même.

Ce qui fait à Jaurès dans ce double crime, dans ce crime au deuxième degré, une responsabilité culminante, c'est que lui entre tous il était un politique, un politicien comme les autres et que lui il disait qu'il était un mystique. Il me chicanerait naturellement sur ce mot, car c'est un homme de marchandage, et de plus maquignon que je connaisse. Mais il sait très bien ce que nous voulons dire.

Par son passé universitaire, intellectuel, par son commencement de carrière universitaire, intellectuelle, par ses relations, par tout son ton, par le grand nombre, par le faisceau d'amitiés *ardentes* qui montaient vers lui et qu'il encourageait, complaisamment, qu'il excitait constamment à monter vers lui, amitié de pauvres, de petites gens, de professeurs, de nous, et qu'il récapitulait pour ainsi dire en lui, qu'il ramassait comme un foyer ramasse un faisceau de lumière et de chaleur, Jaurès faisait figure d'une sorte de professeur délégué dans la politique, mais qui n'était pas politique, d'un intellectuel, d'un philosophe (dans ce temps-là tous les agrégés de philosophie étaient philosophes, comme aujourd'hui ils sont tous sociologues). D'un homme qui travaillait, qui savait ce que c'est que de travailler. Qui avait un métier. Il faisait essentiellement figure d'un impolitique, d'un homme qui était comme chargé de nous représenter, de nous transmettre dans la politique. Au contraire c'était un politicien qui avait fait semblant d'être un professeur qui avait fait semblant d'être un intellectuel qui avait fait semblant de travailler et de savoir travailler, d'avoir un métier, qui avait fait semblant d'être des nôtres, qui avait fait semblant de tout. Quand les politiciens, quand ceux qui font métier et profession de la politique font leur métier, exercent leur profession, quand ils jouent, quand ils fonctionnent professionnellement, officiellement, sous leur nom, ceux qui sont connus comme tels, il n'y a rien à dire. Mais quand ceux qui font métier et profession d'être impolitiques font, sous ce nom, de la politique, il y a le double crime de ce détournement perpétuel. Faire de la politique et la nommer politique, c'est bien. Faire de la politique et la nommer mystique, prendre de la mystique et en faire de la politique, c'est un détournement inexpiable. Voler les pauvres, c'est voler deux fois. Tromper les simples, c'est tromper deux fois. Voler ce qu'il y a de plus cher, la croyance. La confidence. La confiance. Et Dieu sait si nous étions des âmes simples, des pauvres gens, des petites gens. C'est bien ce qui les fait rire aujourd'hui. *Quels sont*, dit-il, *quels sont ces imbéciles qui croyaient ce que je disais* ? Qu'il se rassure, qu'il attende. Les vies sont longues, les mouvements contraires, qu'il ne nous tombe jamais dans les mains. Il ne rirait peut-être pas toujours.

Quoi de plus poignant que ce témoignage, que cette adjuration de Bernard-Lazare condamné, de Bernard-Lazare destiné, quoi de plus redoutable que ce témoignage, redoutable, par sa mesure même. *Quand Jaurès*, é crivait Bernard-Lazare, *se présente devant nous pour soutenir une œuvre qu'il approuve, à laquelle il veut collaborer, il doit, parce qu'il est Jaurès, parce qu'il a été notre compagnon dans une bataille qui n'est pas finie, nous donner d'autres raisons que des raisons théologiques.* (Il voyait très nettement combien il y avait de théologie grossière dans Jaurès, dans toute cette *mentalité* moderne, dans ce radicalisme politique et parlementaire, dans cette pseudométaphysique, dans cette pseudophilosophie, dans cette sociologie.) *Or c'est une raison théologique que de nous dire* : « (Ici je préviens que c'est du Jaurès, cité par Bernard-Lazare) : « *Il y a des crimes politiques et sociaux qui se payent, et le grand crime collectif commis par l'Eglise contre la vérité, contre l'humanité, contre le droit et contre la République, va enfin recevoir son juste salaire. Ce n'est pas en vain qu'elle a révolté les consciences par sa complicité avec le faux, le parjure et la trahison.* » (Fin du Jaurès, de la citation de Jaurès. Bernard-Lazare disait plus simplement : *On ne peut pas embêter des hommes parce qu'ils font leur prière.* Il les avait, celui-là, les mœurs de la liberté. Il avait la liberté dans la peau ; dans la moelle et dans le sang ; dans les vertèbres. Non point, non plus, une liberté intellectuelle et conceptuelle, une liberté livresque, une liberté toute faite, une liberté de bibliothèque. Une liberté d'enregistrement. Mais une liberté, aussi, de source, une liberté toute organique et vivante. Je n'ai jamais vu un homme croire, à ce point, avoir à ce point la certitude, avoir conscience à ce point qu'une conscience d'homme était un absolu, un invincible, un éternel, un libre, qu'elle s'opposait victorieuse, éternellement triomphante, à toutes les grandeurs de la terre. *Il ne faut pas recevoir des justifications semblables*, écrivait encore Bernard-Lazare, *même et surtout quand elles sont données par Jaurès, car, au-dessous, d'autres sont prêts à les interpréter dans un sens pire, à en tirer des conséquences 'redoutables pour la liberté'*. Il énumérait, sur quelques exemples éclatants, dans un style éclatant, coupant, bref, quelques-unes de ces antinomies, les capitales, quelques-uns de ces antagonismes. Il te prévoyait, Bernus, et la *résistance du peuple polonais aux exactions de la germanisation prussienne*. Dès lors il écrivait en effet, et ces paroles sont claires, elles sont capitales, elles sont actuelles comme au premier jour : *Si nous n'y prenons garde, demain on nous mettra en demeure d'applaudir le gendarme français qui prendra l'enfant par le bras pour l'obliger à entrer dans l'école laïque, tandis que nous devrons réprouver le gendarme prussien contraignant l'écolier polonais de Wreschen.* Voilà l'homme, voilà l'ami que nous avons perdu. Il écrivait encore, et ces paroles sont à considérer, elles sont à méditer aujourd'hui comme hier, aujourd'hui comme alors, elles seront à méditer toujours, car elles sont d'une hauteur de vues, d'une portée incalculable : « *Que demain on nous propose les moyens de résoudre la question de l'enseignement et nous la discuterons. Dès aujourd'hui on peut dire que le monopole universitaire n'en est pas la solution.* Nous nous refuserons aussi bien à accepter les dogmes formulés par l'État enseignant, que les dogmes formulés par l'Église. Nous n'avons pas plus confiance en l'Université qu'en la Congrégation. » Mais il faut que je m'arrête de citer. Je ne peux pourtant pas citer toute cette admirable *consultation*, citer tout un cahier dans un cahier, refaire les cahiers dans les cahiers, mettre tout le III-21 dans le XI-12.

Voilà l'homme, voilà l'ami que nous avons perdu. Pour un tel homme nous ne ferons jamais une apologie, nous ne souffrirons jamais qu'on en fasse une.

Ce sont de tels hommes qui comptent, et qui comptent seuls. C'est nous qui comptons, seuls. Non seulement les autres n'ont point à parler pour nous. Mais c'est nous qui avons à parler, pour tout.

Il fut un héros et en outre il eut de grandes parties de sainteté. Et avec lui nous fûmes, obscurément, des héros.

Comment ne pas noter dans les quelques mots que nous avons cités, dans ces quelques phrases seulement que nous avons rapportées, je ne me retiens pas de noter non pas seulement ce sens de la liberté, et cette aisance dans la liberté, dans le maniement de la liberté, mais ce sens beaucoup plus curieux, beaucoup plus imprévu, apparemment plus imprévu, de la théologie, cet avertissement de la théologie. Instantanément il la voyait poindre partout où en effet elle point, elle-même ou quelque imitation, quelque contrefaçon, elle-même ou contrefaite.

Comment ne pas noter aussi son exact, son parfait, son réel internationalisme, Israël excepté, l'exactitude, l'aisance, l'allant de soi de son internationalisme, qui était beaucoup plus simple, beaucoup trop naturel, nullement appris, nullement forcé, nullement livresque, beaucoup trop aisé, beaucoup trop allant de soi pour jamais être un antinationalisme. Quand il parlait des Polonais pour les Bretons, ce n'était point un amusement, un rapprochement piquant. Ce n'était point un jeu d'esprit et pour jouer un bon tour. C'était naturellement qu'il voyait sur le même plan les Bretons et les Polonais. Il voyait vraiment la Chrétienté comme l'Islam, ce que nul de nous, même ceux qui le voudraient le plus, ne peut obtenir. Parce qu'ils était bien réellement également en dehors des deux. Vue, angle du regard que nul de nous ne peut obtenir. Au moment où on faisait, même et peut-être surtout autour de lui, tout ce que l'on pouvait humainement pour évincer ses Juifs de Roumanie, par politique pour ne pas compromettre, pour ne pas charger le mouvement arménien, et qu'il y voyait très clair, dans cet assourdissement, un vieil ami de Quartier venait de le quitter. Il me dit doucement, haussant doucement les épaules, comme il faisait, me le montrant pour ainsi dire des épaules, par-dessus le haut de ses épaules : Il *veut encore me rouler avec ses Arméniens. C'est toujours la même chose. Ils en...treprennent le Grand Turc parce qu'il est Turc et ils ne veulent pas qu'on dise un mot du roi de Roumanie parce qu'il est chrétien.* C'est toujours la collusion de la chrétienté.

Comment ne pas noter enfin comme c'est bien écrit, posé, mesuré, clair, *noble, français. Il ne faut pas recevoir des justifications semblables. Une* certaine proposition, un certain propos. Une certaine délibération. Un certain ton, une certaine résonance cartésienne même.

Apologie pour Bernard-Lazare. – Nourris, abreuvés, de notre mystique, la déformant, la dégradant aussitôt, la détournant instantanément en politique nos politiciens, Jaurès en tête, Jaurès le premier, créèrent cette double illusion, politique, premièrement que le dreyfusisme était antichrétien, deuxièmement qu'il était antifrançais. Il faut s'arrêter quelques instants à la deuxième.

Notre socialisme même, notre socialisme antécédent, à peine ai-je besoin de le dire, n'était nullement antifrançais, nullement antipatriote, nullement antinational. Il était essentiellement et rigoureusement, exactement international. Théoriquement il n'était nullement antinationaliste. Il était exactement internationaliste. Loin d'atténuer, loin d'effacer le peuple, au contraire il l'exaltait, il l'assainissait. Loin d'affaiblir, ou d'atténuer, loin d'effacer la nation, au contraire il l'exaltait, il l'assainissait. Notre thèse était au contraire, et elle est encore, que c'est au contraire la bourgeoisie, le bourgeoisisme, le capitalisme bourgeois, le sabotage capitaliste et bourgeois qui oblitère la nation et le peuple. Il faut bien penser qu'il n'y avait rien de commun entre le socialisme d'alors, notre socialisme, et ce que nous connaissons aujourd'hui sous ce nom. Ici encore la politique a fait son œuvre, et nulle part autant qu'ici la politique n'a *défait*, dénaturé la mystique. La politique, je dis la politique des politiques, professionnels, des politiciens, des politiques parlementaires. Mais plus encore, sans aucun doute, par l'invention, par l'intervention, par l'intercalation du sabotage, qui est une invention politique, au même titre que le vote, *plus encore que le vote*, pire, je veux dire plus politique, plus profondément politique, plus encore sans aucun doute les antipolitiques professionnels, les antipoliticiens, les syndicalistes, les antipolitiques antiparlementaires. Nous pensions alors, nous pensons toujours, mais il y a quinze ans tout le monde pensait comme nous, pensait avec nous, ou affectait de penser avec nous, il n'y avait sur ce point, sur ce principe même pas l'ombre d'une hésitation, pas l'ombre d'un débat. Il est de toute évidence que ce sont les bourgeois et les capitalistes qui *ont* commencé. Je veux dire que les bourgeois *et* les capitalistes *ont* cessé de faire leur office, social, avant les ouvriers le leur, et longtemps avant. Il ne fait aucun doute que le sabotage d'en haut est de beaucoup antérieur au sabotage d'en bas, que le sabotage bourgeois et capitaliste est antérieur, et de beaucoup, au sabotage ouvrier ; que les bourgeois et les capitalistes ont cessé d'aimer le travail bourgeois et capitaliste longtemps avant que les ouvriers eussent cessé d'aimer le travail ouvrier. C'est exactement dans cet ordre, en commençant par les bourgeois et les capitalistes, que s'est produite cette désaffection générale du travail qui est la tare la plus profonde, la tare centrale du monde moderne. Telle étant la situation générale du monde moderne, il ne s'agissait point, comme nos politiciens syndicalistes l'ont inventé, d'inventer, d'ajouter un désordre ouvrier au désordre bourgeois, un sabotage ouvrier au sabotage bourgeois et capitaliste. Il s'agissait *au contraire*, notre socialisme était essentiellement et en outre officiellement une théorie, générale, une doctrine, une méthode générale, une philosophie de l'organisation et de la réorganisation du travail, de la *restauration* du travail. Notre socialisme était essentiellement et en outre officiellement une restauration, et même une restauration générale, une restauration universelle. Nul alors ne le contestait. Mais depuis quinze ans les politiciens ont marché. Les doubles politiciens, les politiciens propres et les antipoliticiens. Les politiciens ont passé. Il s'agissait au contraire d'une restauration générale, d'une restauration totale, d'une restauration universelle *en commençant par le monde ouvrier*. Il s'agissait d'une restauration totale fondée sur une restauration préalable du monde ouvrier ; sur une restauration totale préalable du monde ouvrier. Il s'agissait très exactement, et nul alors ne le contestait, tous au contraire, l'enseignaient, tous le déclaraient, il s'agissait au contraire d'effectuer un assainissement général du monde ouvrier, une réfection, un assainissement moléculaire, organique, et commençant par cet assainissement de proche en proche un assainissement de toute la cité. C'était déjà cette morale, cette méthode générale, cette philosophie des producteurs qui devait trouver en M. Sorel, moraliste et philosophe, son expression la plus haute, son expression définitive J'ajoute même que ce ne pouvait être que cela.

Et qu'il ne pouvait nullement, aucunement être question que ce fût rien d'autre. Disons-le ; pour philosophe, pour tout homme philosophant notre socialisme était et n'était pas moins qu'une religion du salut temporel. Et aujourd'hui encore il n'est pas moins que cela. Nous ne cherchions pas moins que salut temporel de l'humanité par l'assainissement du monde ouvrier, par l'assainissement du travail et du monde du travail, par la restauration du travail et la dignité du travail, par un assainissement, par un réfection organique, moléculaire du monde du travail et par lui de tout le monde économique, industriel. C'est ce que nous nommons le monde industrie opposé au monde intellectuel et au monde politique au monde scolaire et au monde parlementaire ; c'est ce que nous nommons *l'économie* ; la morale de producteurs ; la morale industrielle ; le monde des producteurs ; le monde économique ; le monde ouvrier ; la structure (organique, moléculaire) économique, industrielle ; c'est ce que nous nommons l'industrie, le régime industriel ; c'est ce que nous nommons le régime de la production industrielle. Le monde intellectuel et le monde politique au contraire, le monde scolaire et le monde parlementaire vont ensemble. Par la restauration des mœurs industrielles, par l'assainissement de l'atelier industriel nous n'espérions pas moins, nous ne cherchions pas moins que le salut temporel de l'humanité. Ceux-là seuls s'en moqueront qui ne veulent pas voir que le christianisme même, qui est la religion du salut éternel, est embourbé dans cette boue, dans la boue des mauvaises mœurs économiques, industrielles ; que lui-même il n'en sortira point, qu'il ne s'en tirera point à moins d'une révolution économique, industrielle ; qu'enfin il n'y a point de lieu de perdition mieux fait, mieux aménagé, mieux outillé pour ainsi dire, qu'il n'y a point d'outil de perdition mieux adapté que l'atelier moderne.

Et que toutes les difficultés de l'Église viennent de là, toutes ses difficultés réelles, profondes, populaires : de ce que, malgré quelques prétendues œuvres ouvrières, sous le masque de quelques prétendues œuvres ouvrières et de quelques prétendus ouvriers catholiques, de ce que l'atelier lui est fermé, et de ce qu'elle est fermée à l'atelier ; de ce qu'elle est devenue dans le monde moderne, subissant, elle aussi, une modernisation, presque uniquement la religion des riches et ainsi qu'elle n'est plus socialement si je puis dire la communion des fidèles. Toute la faiblesse, et peut-être faut-il dire la faiblesse croissante de l'Église dans le monde moderne vient non pas comme on le croit de ce que la Science aurait monté contre la Religion des systèmes soi-disant invincibles, non pas de ce que la Science aurait découvert, aurait trouvé contre la Religion des arguments, des raisonnements censément victorieux, mais de ce que ce qui reste du monde chrétien socialement manque aujourd'hui profondément de charité. Ce n'est point du tout le raisonnement qui manque. C'est la charité. Tous ces raisonnements, tous ces systèmes, tous ces arguments pseudo-scientifiques ne seraient rien, ne pèseraient pas lourd s'il y avait une once de charité. Tous ces airs de tête ne porteraient pas loin si la chrétienté était restée ce qu'elle était, une communion, si le christianisme était resté ce qu'il était, une religion du cœur. C'est une des raisons pour lesquelles les modernes n'entendent rien au christianisme, au vrai, au réel, à l'histoire vraie, réelle du christianisme, et à ce que c'était réellement que la chrétienté. (Et combien de chrétiens y entendent encore. Combien de chrétiens, sur ce point même, sur ce point aussi, ne sont-ils pas modernes.) Ils croient, quand ils sont sincères, il y en a, ils croient que le christianisme fut toujours moderne, c'est-à-dire, exactement, qu'il fut toujours comme ils voient qu'il est dans le monde moderne, où il n'y a plus de chrétienté, au sens où il y en avait une. Ainsi dans le monde moderne tout est moderne, quoi qu'on en ait, et c'est sans doute le plus beau coup du modernisme et du monde moderne que d'avoir en beaucoup de sens, presque en tous les sens, rendu moderne le christianisme même, l'Église et ce qu'il y avait encore de chrétienté. C'est ainsi que quand il y a une éclipse, tout le monde est à l'ombre. Tout ce qui passe dans un âge de l'humanité, par une époque, dans une période, dans une zone, tout ce qui est dans un monde, tout ce qui a été placé dans une place, dans un temps, dans un monde, tout ce qui est situé dans une certaine situation, temporelle, dans un monde, temporel, en reçoit la teinte, en porte l'ombre. On fait beaucoup de bruit d'un certain modernisme intellectuel qui n'est pas même une hérésie, qui est une sorte de pauvreté intellectuelle moderne, un résidu, une lie, un fond de cuve, un bas de cuvée, un fond de tonneau, un appauvrissement intellectuel moderne à l'usage des modernes des anciennes grandes hérésies. Cette pauvreté n'eût exercé aucun ravage, elle eût été purement risible si les voies ne lui avaient point été préparées, s'il n'y avait point ce grand modernisme du cœur, ce grave, cet infiniment grave modernisme de la charité. Si les voies ne lui avaient point été préparées par ce modernisme du cœur et de la charité. C'est par lui que l'Église dans le monde moderne, que dans le monde moderne la chrétienté n'est plus peuple, ce qu'elle était, qu'elle ne l'est plus aucunement ; qu'ainsi elle n'est plus socialement un peuple, un immense peuple, une race, immense ; que le christianisme n'est plus socialement la religion des profondeurs, une religion peuple, la religion de tout un peuple, temporel, éternel, une religion enracinée aux plus grandes profondeurs temporelles mêmes, la religion d'une race, de toute une race temporelle, de toute une race éternelle, mais qu'il n'est plus socialement qu'une religion de bourgeois, une religion de riches, une espèce de religion supérieure pour classes supérieures de la société, de la nation, une misérable sorte de religion distinguée pour gens censément distingués ; par conséquent tout ce qu'il y a de plus superficiel, de plus officiel en un certain sens, de moins profond ; de plus inexistant ; tout ce qu'il y a de plus pauvrement, de plus misérablement formel ; et d'autre part et surtout tout ce qu'il y a de plus contraire à son institution ; à la sainteté, à la pauvreté, à la forme même la plus formelle de son institution. À la vertu, à la lettre et à l'esprit de son institution. De sa propre institution. Il suffit de se reporter au moindre texte des Évangiles.

Il suffit de se reporter à tout ce que d'un seul tenant il vaut mieux nommer l'Évangile.

C'est cette pauvreté, cette misère spirituelle et cette richesse temporelle qui a tout fait, qui a fait le mal. C'est ce modernisme du cœur, ce modernisme de la charité qui a fait la défaillance, la déchéance, dans l'Église, dans le christianisme, dans la chrétienté même qui a fait la dégradation de la mystique en politique.

On mène aujourd'hui grand bruit, je vois qu'on fait un grand état de ce que depuis la séparation le catholicisme, le christianisme n'est plus la religion officielle, la religion d(e l)'État, de ce que, ainsi, l'Église est libre. Et on a raison en un certain sens. La position de l'Église est évidemment tout autre, tout à fait autre sous le nouveau régime. Sous toutes les duretés de la liberté, d'une certaine pauvreté, l'Église est autrement elle-même sous le nouveau régime. Jamais on n'obtiendra sous le nouveau régime des évêques aussi mauvais que les évêques concordataires. Mais il ne faut point exagérer non plus. Il ne faut pas se dissimuler que si l'Eglise a cessé de faire la religion officielle de l'État, elle n'a point cessé de faire la religion officielle de la bourgeoisie de l'État. Elle a perdu, elle a laissé politiquement, mais elle n'a guère perdu, elle n'a guère laissé socialement toutes les charges de servitude qui lui venaient de son officialité. C'est pour cela qu'il ne faut pas triompher. C'est pour cela que l'atelier lui est fermé, et qu'elle est fermée à l'atelier. Elle fait, elle est la religion officielle, la religion formelle du riche. Voilà ce que le peuple, obscurément ou formellement, très assurément sent très bien. Voilà ce qu'il voit. Elle n'est donc rien, voilà pourquoi elle n'est rien. Et surtout et elle n'est rien de ce qu'elle était, et elle est, devenue, tout ce qu'il y a de plus contraire à elle-même, tout ce qu'il y a de plus contraire à son institution. Et elle ne se rouvrira point l'atelier, et elle ne se rouvrira point le peuple à moins que de faire, elle aussi, elle comme tout le monde, à moins que de *faire les frais* d'une révolution économique, d'une révolution sociale, d'une révolution industrielle, pour dire le mot d'une révolution *temporelle* pour le salut *éternel*. Tel est, éternellement, temporellement, (éternellement temporellement et temporellement éternellement), le mystérieux assujettissement de l'éternel même au temporel. Telle est proprement l'inscription de l'éternel même dans le temporel. Il faut faire les frais économiques, les frais sociaux, les frais industriels, *les frais temporels*. Nul ne s'y peut soustraire, non pas même l'éternel, non pas même le spirituel, non pas même la vie intérieure. C'est pour cela que notre socialisme n'était pas si bête, et qu'il était profondément chrétien.

C'est pour cela que lorsqu'on leur met sous les yeux la vieille chrétienté, quand on les met en face de ce que c'était dans la réalité qu'une paroisse chrétienne, une paroisse française au commencement du quinzième siècle, du temps qu'il y avait des paroisses françaises, quand on leur montre, quand on leur fait voir ce que c'était dans la réalité que la chrétienté, du temps qu'il y avait une chrétienté, ce que c'était qu'une grande sainte, la plus grande peut-être de toutes, du temps qu'il y avait une sainteté, du temps qu'il y avait une *charité*, du temps qu'il y avait des saintes et des saints, tout un peuple chrétien, tout un monde chrétien, tout un peuple, tout un monde de saints et de pécheurs, aussitôt quelques-uns de nos catholiques modernes, modernes à leur insu, mais profondément modernes, jusque dans les moelles, intellectuels à leur insu et qui se vantent de ne pas l'être, intellectuels tout de même, profondément intellectuels, intellectuels jusqu'aux moelles, bourgeois et fils de bourgeois, rentiers et fils de rentiers, pensionnés du gouvernement, pensionnés de l'État, fonctionnaires, pensionnés des autres, des autres citoyens, des autres électeurs, des autres contribuables, et qui fort ingénieusement ont préalablement fait inscrire sur le Grand-Livre de la Dette Publique les assurances d'ailleurs modestes de leur pain quotidien, ainsi armés quelques-uns de ces contemporains catholiques, devant une soudaine révélation de l'antique, de la vieille, de la chrétienté ancienne se hâtent de pousser quelques cris, comme de pudeur outragée. Dans un besoin ils renieraient Joinville, comme trop grossier, comme trop peuple. *Le sire* de Joinville. Ils renieraient peut-être bien saint Louis. Comme trop roi de France.

Il faut faire les frais temporels. C'est-à-dire que nul, fût-ce l'Église, fût-ce n'importe quelle puissance spirituelle, ne s'en tirera à moins d'une révolution temporelle, d'une révolution économique, d'une révolution sociale. D'une révolution industrielle. À moins de payer cela. Pour ne pas payer, pour ne pas les faire un singulier concert s'est accordé, une singulière collusion s'est instituée, s'est jouée, se joue entre l'Église et le parti intellectuel. Ce serait même amusant, ce serait risible si ce n'était aussi profondément triste. Ce concert, cette collusion consiste à décaler, à déplacer le débat, le terrain même du débat. L'objet du débat. À dissimuler dans un coin le modernisme du cœur, le modernisme de la charité pour mettre en valeur, en fausse valeur, en lumière, en fausse lumière, pour mettre en surface, en vue, dans toute la surface le modernisme intellectuel, l'appareil du modernisme intellectuel, le solennel, le glorieux appareil. Ainsi tout le monde y gagne, car ça ne coûte plus rien, ça ne coûte plus aucune révolution économique, industrielle, sociale, temporelle, et nos bourgeois de l'un et l'autre côté, nos capitalistes de l'un et l'autre bord, de l'une et l'autre confession, les cléricaux et les radicaux, les cléricaux radicaux et les radicaux cléricaux, les intellectuels et les clercs, les intellectuels clercs et les clercs intellectuels ne veulent rien tant, ne veulent que ceci : *ne pas payer*. Ne point faire de frais. Ne point faire les frais. Ne point lâcher les cordons de la bourse. On me pardonnera cette expression grossière. Mais il en faut une, il la faut dans cette situation grossière. Concert merveilleux, merveilleuse collusion. Tout le monde y gagne tout. Non seulement que ça ne coûte rien, mais aussi, en surplus, naturellement la gloire, qui ne vient jamais jusqu'à ceux qui la méritent. Tout le monde y trouve son compte, et même le notre. Une fois de plus deux partis contraires sont d'accord, se sont trouvés, se sont mis d'accord non pas seulement pour fausser le débat qui les divise ou paraît les diviser, mais pour fausser, pour transporter le terrain même du débat là où le débat leur sera le plus avantageux, leur coûtera le moins cher à l'un et à l'autre, poussés par la seule considération de leurs intérêts temporels. L'opération consiste à effacer, à tenir dans l'ombre cet effrayant modernisme du cœur et à mettre en première place, en seule place, le modernisme intellectuel, à tout attribuer, tout ce qui se passe, à la feinte toute-puissance, à l'effrayante, à la censément effrayante puissance du modernisme intellectuel. C'est un décalage, une substitution, un transfert, un transport, une transposition merveilleuse. Un déplacement perfectionné. Les intellectuels sont enchantés. *Voyez, s'écrient-ils, comme nous sommes puissants. Nous en avons une tête. Nous avons trouvé des arguments, des raisonnements si extraordinaires que par ces seuls raisonnements nous avons ébranlé la foi. La preuve que c'est vrai, c'est que ce sont les curés qui le disent.* Et les curés ensemble et les bons bourgeois cléricaux, censés catholiques, prétendus chrétiens, oublieux des anathèmes sur le riche, des *effrayantes réprobations sur l'argent dont l'Evangile est comme saturé, moelleusement assis dans la paix du cœur, dans la paix sociale, tous nos bons bourgeois se récrient :* Tout ça aussi, *se récrient-ils*, c'est de la faute à ces sacrés professeurs, qui ont inventé, qui ont trouvé des arguments, des raisonnements si extraordinaires. La preuve que c'est vrai, c'est que c'est nous, curés, qui le disons. Alors ça va bien, et non seulement tout le monde est en République, mais tout le monde est content. Les porte-monnaies restent dans les poches, et les argents restent dans les porte-monnaie. On ne met pas la main au porte-monnaie. C'est l'essentiel. Mais je le redis en vérité, tous ces raisonnements ne pèseraient pas lourd, s'il y avait une once de charité.

Le monde clérical bourgeois affecte de croire que ce sont les raisonnements, que c'est le modernisme cérébral qui est important uniquement pour n'avoir point à dépenser une révolution industrielle, une révolution économique.

Tel étant notre socialisme, et cela ne faisait alors aucun secret, comme cela ne faisait aucun doute, il est évident que non seulement il ne portait aucune atteinte et ne pouvait porter aucune atteinte aux droits légitimes des nations, mais qu'étant, que faisant un assainissement général, et par cela même, en dedans de cela même un assainissement du nationalisme et de la nation même, il servait, il sauvait les intérêts les plus essentiels, les droits les plus légitimes des peuples. Les droits, les intérêts les plus sacrés. Et qu'il n'y avait que lui qui le faisait. Ce n'était point violer, effacer les nations et les peuples, ce n'était point les fausser, les violenter, les oblitérer, les forcer, leur donner une entorse, mais au contraire, que de travailler à remplacer d'une substitution, d'un remplacement organique, moléculaire, un champ clos, une concurrence anarchique de peuples forcenés, frénétiques, par une forêt saine, par une forêt grandissante de peuples prospères, par tout un peuple de peuples florissants. Montants dans leur sève, dans leur essence, dans la droiture et la lignée de leur végétale race, libres de l'écrasement des servitudes économiques, libres de la corruption organique, moléculaire des mauvaises mœurs industrielles. Ce n'était point annuler les nations et les peuples. Au contraire c'était les fonder, les asseoir enfin, les faire naître, les faire et les laisser pousser. C'était les *faire*. Nous avions dès lors la certitude, que nous avons, que le monde souffre infiniment plus du sabotage bourgeois et capitaliste que du sabotage ouvrier. Non seulement c'est le sabotage bourgeois et capitaliste qui a commencé, mais il est devenu rapidement presque total. Et il est si je puis dire entré dans le monde bourgeois comme une seconde race. Il est fort loin au contraire d'avoir pénétré aussi profondément dans le monde ouvrier, à cette profondeur, aussi totalement. Et surtout il n'y est pas du tout le même. Il est fort loin d'y être entré comme une race. Contrairement à ce que l'on croit généralement, à ce que croient communément les écrivains, les publicistes, les sociologues, qui sont des intellectuels et des bourgeois, le sabotage dans le monde ouvrier ne vient pas des profondeurs du monde ouvrier ; il ne vient pas du monde ouvrier lui-même. Il n'est point ouvrier. Il est, essentiellement, bourgeois. Il ne vient pas du bas, par une remontée des boues, des bas-fonds ouvriers, il vient du haut. C'est le socialisme qui seul pouvait l'éviter, éviter cette contamination. C'est le sabotage bourgeois, le même, le seul, qui par contamination de proche en proche descend par nappes horizontales dans le monde ouvrier. Ce n'est point le monde ouvrier qui exaspère des vices propres. C'est le monde ouvrier qui s'embourgeoise graduellement. Contrairement à ce que l'on croit, le sabotage n'est point inné, né dans le monde ouvrier. Il y est appris. Il y est enseigné dogmatiquement, intellectuellement, comme une invention étrangère. C'est une invention bourgeoise, une invention politique, parlementaire, essentiellement intellectuelle, qui pénètre par contamination et enseignement, intellectuel, par en haut dans le monde ouvrier. Elle y rencontre des résistances qu'elle n'avait jamais rencontrées dans le monde bourgeois. Elle n'y a point bataille gagnée. Elle n'y a point ville prise. Elle y est, somme toute, artificielle. Elle s'y heurte à des résistances imprévues, à des résistances d'une profondeur incroyable, à cet amour séculaire du travail qui enrichissait le cœur laborieux. Le monde bourgeois et capitaliste est presque tout entier, pour ainsi dire tout entier consacré au plaisir. On trouverait encore un très grand nombre d'ouvriers, et non pas seulement des vieux, qui *aiment* le travail.

Tel étant notre socialisme, il est évident qu'il était, qu'il faisait un assainissement de la nation et du peuple, un renforcement encore inconnu, une prospérité, une floraison, une fructification. Bien loin d'en conjurer, d'en conspirer la perte. Nous avions déjà la certitude, que nous avons, que le peuple qui entrerait le premier dans cette voie, qui aurait cet honneur, qui aurait ce courage, et en un sens cette habileté, en recevrait une telle force, une telle prospérité organique et moléculaire, constitutionnelle, histologique, un tel renforcement, un tel accroissement, un tel assainissement de tous les ordres de sa force que non seulement il marcherait à la tête des peuples, mais qu'il n'aurait plus rien à redouter jamais, ni dans le présent ni dans l'avenir, ni de ses concurrents économiques, industriels, commerciaux, ni de ses concurrents militaires.

Ainsi l'embourgeoisement par le sabotage suit une marche exactement inverse de celle que nous voulions suivre. Et faire suivre. Nous voulions qu'un assainissement du monde ouvrier, remontant de proche en proche, assainît le monde bourgeois et ainsi toute la société, toute la cité même. Et il s'est produit au contraire, en fait il s'est produit qu'une démoralisation du monde bourgeois, en matière économique, en matière industrielle et en toute autre matière, dans l'ordre du travail et dans tout autre ordre, descendant de proche en proche, a démoralisé le monde ouvrier, et ainsi toute la société, la cité même. Loin d'ajouter, de vouloir ajouter un désordre à un désordre, nous voulions instaurer, restaurer un ordre, un ordre nouveau, ancien ; nouveau, antique ; nullement moderne ; un ordre laborieux, un ordre du travail, un ordre ouvrier ; un ordre économique, temporel, industriel ; et par la contamination pour ainsi dire remontante de cet ordre réordonner le désordre même. Par une contamination descendante c'est le désordre qui a désordonné l'ordre. Qui a désorganisé l'organisation de l'organisme. Mais nous avons le droit de dire que ce désordre, que ce mauvais exemple a été introduit dans le monde ouvrier par une sorte d'insertion intellectuelle, par une opération en un sens aussi artificielle qu'a pu l'être par exemple cette autre invention des Universités Populaires.

Ce serait une erreur de croire qu'il n'y a que le bien, l'effort au bien, la morale qui soit artificielle. Le mal, surtout dans une race comme la nôtre, l'effort au mal, l'effort d'avilissement, de contamination peut aussi bien être artificiel. Appris.

Autant que personne je sais combien ces efforts d'instruction et de moralisation, ces Universités Populaires et toutes autres, et tous autres, autant que personne je sais combien ces efforts bourgeois, intellectuels, distillés d'en haut sur le monde ouvrier, étaient factices, vides, vains ; creux ; combien ils ne rendaient pas et ne pouvaient pas rendre. Combien ils étaient artificiels, superficiels. Mais ce que je peux dire, c'est que au contraire, par contre les enseignements du sabotage étaient aussi des enseignements bourgeois et intellectuels ; qu'ils étaient aussi des enseignements, donnés, reçus ; versés, reçus ; enseignés, appris. Des enseignements et des apprentissages. Ils ont plus rendu, ils ont mieux porté, ils ont plus et mieux entré, ils sont entrés beaucoup plus profond parce que le mal entre toujours plus que le bien, mais ce que je veux dire et que l'on ne dit pas, ce que je tiens à dire, ce qu'il faut dire c'est qu'ils étaient bien des enseignements du même ordre, venus, descendus du même lieu, du même monde. Aussi bourgeois, aussi intellectuels, aussi artificiels. Peut-être un peu moins superficiels, parce que le mal est toujours moins superficiel que le bien. Au fond aussi étrangers au monde ouvrier.

C'étaient des enseignements de (la) même sorte. Étant donné ce qu'était le monde ouvrier, c'était une erreur de croire que le mal y était naturel et que le bien seul, par une sorte de disgrâce, y était artificiel.

Ainsi dans ce monde moderne tout entier tendu l'argent, tout à la tension à l'argent, cette tension à l'argent contaminant le monde chrétien même lui fait sacrifier sa foi et ses mœurs au maintien de sa paix économique et sociale.

C'est là proprement ce modernisme du cœur, modernisme de la charité, ce *modernisme des mœurs.*

Il y a deux sortes de riches : les riches *athées*, qui *riches* n'entendent rien à la religion. Ils se sont donc mis à l'histoire *des* religions, et ils y excellent, (et d'ailleurs il faut leur faire cette justice qu'ils ont tout fait pour n'en point faire une histoire *de la* religion.) C'est eux qui ont inventé les *sciences* religieuses ;

et les riches *dévots*, qui *riches* n'entendent rien christianisme. Alors ils le professent.

Tel est, il faut bien voir, il faut bien mesurer, tel est l'effrayant modernisme du monde moderne ; l'effrayante, la misérable efficacité. Il a entamé, réussi à entamer, il a modernisé, entamé la chrétienté. Il rendu véreux, dans la charité, dans les mœurs il a rendu véreux le christianisme même.

Ai-je besoin de dire, pour mémoire, de noter et faire noter combien ce socialisme même était dans la pure tradition française, combien il était dans la ligne, dans la lignée française. L'assainissement, l'éclaircissement du monde a toujours été la destination, la vocation française, l'office français même. L'assainissement de ce qui est malade, l'éclaircissement de ce qui est trouble, l'ordination de ce qui est désordre, l'organisation de ce qui est brut. Faut-il noter combien ce socialisme à base de générosité, combien cette générosité claire, combien cette générosité pleine et pure était dans la tradition française ; plus que dans la tradition française même, plus profondément, dans le génie français. Dans la sève et dans la race même. Dans la sève et le sang de la race. Une générosité à la fois abondante et sobre, généreuse et pourtant renseignée, pleine et pure, féconde et nette, pleine et fine, abondante sans niaiserie, renseignée sans stérilité. Un héroïsme enfin plein et sobre, gai et discret, un héroïsme à la française.

Tel étant notre socialisme, un socialisme français, quel devait être notre dreyfusisme, un dreyfusisme éminemment français. La plus grande erreur sur ce point, la plus grande illusion, sur ce chef de la patrie, est venue sans aucun doute de l'affaire Hervé. De l'hervéisme ; de la démagogie hervéiste. Et surtout et sans aucun doute beaucoup plus de la complaisance suspecte à la démagogie hervéiste. Je ne parlerai qu'avec un grand respect d'un homme qui vient de rentrer en prison pour la troisième ou quatrième fois, peut-être plus. Au moins il va en prison. On n'en saurait dire autant de M. Jaurès qui s'est toujours arrangé pour ne pas aller en prison. Et pourtant ce n'est point tant Hervé qui a fait le virus de l'hervéisme, de la démagogie hervéiste. C'est sans aucun doute M. Jaurès, nul autre, ce sont les louches conversations, les intrigues, les compromissions, les négociations de groupes et de congrès, de parti et d'unification, ce sont les troubles ententes, les avances, les platitudes, les plates capitulations de Jaurès à Hervé et à tout le hervéisme. Ce qui fut dangereux dans Hervé et dans le hervéisme, mortellement dangereux, ce ne fut point tant Hervé lui-même, ce ne fut point tant le hervéisme. Ce fut Jaurès et le jauressisme, car ce fut cette incroyable capitulation perpétuelle de Jaurès devant Hervé, cet aplatissement, cette platitude infatigable. Cette capitulation en quelque sorte autorisée, officielle, revêtue d'un grand nom et du nom d'un grand parti, qui seule par conséquent pouvait lui donner quelque autorité et il lui donna, quelque vêtement, quelque consécration Cette capitulation constante qui ne gonfla pas seulement Hervé d'orgueil, mais qui le revêtit très authentiquement d'une autorité morale, d'une autorité politique, d'une autorité sociale. Car l'homme qui l'autorisait ainsi, et de la meilleure des autorisations, en capitulant perpétuellement devant lui, et presque solennellement, en causant même avec lui, avait lui même une haute autorité morale, celle précisément que nous lui avions conférée, il avait une grosses autorité politique, une grosse autorité sociale. Il ne faut jamais oublier que pendant toute cette période. cet homme, par cette invention qu'il avait faite du combisme, et qu'il maintenait, patronnait, protégeait représentait le gouvernement même de la République, Il y eut ainsi ici un des plus beaux cas qu'il y eût jamais eu de détournement d'autorité morale, politique et sociale. Et ainsi de report de la responsabilité. Sans Jaurès, Hervé n'était rien. Par Jaurès, avec Jaurès il devint autorisé, il devint authentique, il devint (comme) un membre, et secrètement à beaucoup près le plus redouté, du gouvernement de la République. Par Jaurès, par le jauressisme, par le combisme, c'était le gouvernement même pour ainsi dire qui recevait, qui endossait Hervé.

Cela étant, il fut serrer de plus près, d'un peu plus près, il faut serrer au plus près cette affaire Hervé. Il faut bien voir ce que cela veut dire, ce qu'il y avait dedans. Et la serrant, il faut bien dire que ceux qui ont fait et endossé Hervé, fait et endossé le hervéisme sont ceux qui ont fait une atteinte mortelle, qui ont porté un coup incalculable, un coup mortel à la *croyance publique à l'innocence de Dreyfus*. C'est par eux, surtout par eux, par Jaurès dans la mesure où il a autorisé Hervé, par Dreyfus même dans la mesure où il a autorise Jaurès, que nous sommes retombés sur ce palier moyen, sur ce palier sans fin, à mi-côte, dont nous avons dit que nous ne sortirions, que nous ne remonterons jamais, dont nous avons dit que l'histoire ne remonterait jamais.

Car il faut enfin, en quelques mots, démonter le mécanisme de cette dangereuse, de cette démagogie mortelle. Il me semble bien, si ma mémoire est bonne, si mes souvenirs sont justes, que pendant toute l'affaire Dreyfus nous nous efforcions de démontrer que Dreyfus *n'était pas* un traître. Autant que je me rappelle c'étaient nos adversaires qui s'efforçaient de démontrer ou enfin qui prétendaient *qu'il était* un traître. Ce n'était pas nous. Autant que je me rappelle. Nous nous prétendions qu'il *n'était pas* un traître. Les uns et les autres, autant qu'il me souvienne, nous avions un postulat commun, un lieu commun, c'est ce qui faisait notre dignité, commune, c'est ce qui faisait la dignité de toute cette bataille, c'est ce qui fit bientôt notre force, et cette proposition commune initiale, qui allait de soi, sur laquelle on ne discutait même pas, sur laquelle tout le monde était, tombait d'accord, dont on ne parlait même pas, tant elle allait de soi, qui était sous-entendue partout, qu'on a honte à dire, tant elle allait de soi, c'était *qu'il ne fallait pas* trahir, que la trahison, nommément la trahison militaire, était un crime monstrueux. Tout a changé de face, depuis que sur ces bords. Tout le mécanisme a été démonté, détourné, remonté à l'envers, depuis que Hervé est venu, de ce que Hervé est venu. Hervé est un homme qui dit au contraire.

Les antidreyfusistes et nous les dreyfusistes nous parlions le même langage. Nous parlions sur le même plan. Nous parlions exactement le même langage patriotique. Nous parlions sur le même plan patriotique. Nous avions les mêmes prémisses, le même postulat patriotique. Qu'en fait eux ou nous nous fussions des meilleurs patriotes, c'était précisément l'objet du débat, mais que ce fût l'objet du débat, c'est précisément ce qui prouve que les uns et les autres nous étions patriotes. Qu'en droit, en intention ce fût l'objet du débat. Nous autres, de ce côté-ci, nous ne l'étions pas seulement sincèrement, nous l'étions profondément d'abord, d'autant plus qu'on nous le contestait. Nous l'étions ensuite frénétiquement, peut-être avec une sorte de rage, parce qu'on nous le niait publiquement, et surtout peut-être parce que notre situation géographique dans la carte mentale et sentimentale, parce que les circonstances, les événements historiques nous avaient plusieurs fois donné les apparences de ne pas l'être.

Fondés sur le même postulat, partant du même postulat nous parlions le même langage. Les antidreyfusistes disaient : La trahison militaire est un crime et Dreyfus a trahi militaire. Nous disions : La trahison militaire est un crime et Dreyfus n'a pas trahi. Il est innocent de ce crime. Tout a changé de face depuis que Hervé est venu. La même conversation eut l'air de se poursuivre. L'affaire continue. Mais elle n'était plus la même affaire, la même conversation. Elle n'était plus la même. Elle en était une tout autre, infiniment autre, parce que le langage même était autre, infiniment autre parce que le plan même du débat n'était plus le même. Hervé est un homme qui dit : Il faut trahir. Nommément il faut trahir militairement.

Les antidreyfusistes professionnels disaient : Il ne faut pas être un traître et Dreyfus est un traître. Nous les dreyfusistes professionnels nous disions : Il ne faut pas être un traître et Dreyfus n'est pas un traître. Hervé est un qui dit, et Jaurès laisse dire à Hervé, et Dreyfus même laisse Jaurès laisser dire à Hervé, et en un sens, et en ce sens au moins Dreyfus même laisse dire à Jaurès même : *Il faut être* un traître.

Nommément il faut être un traître militaire.

Par cet entraînement de proche en proche, par cette sorte de dérapage de proche en proche, par cette dérivation, par ce détournement, par ce déglinguement Jaurès est entré dans le crime de Hervé ; par cette réversion, par cette réversibilité des responsabilités ; et de la plus basse façon que l'on y pût entrer, non point même par une complicité active, qui a ses risques, qui a son efficience, qui peut avoir même pour ainsi dire sa grandeur, mais obliquement, mais bassement, par une complicité tacite, sournoise, par une complicité de laisser faire et de laisser passer, par une complicité les yeux baissés. La plus basse de toutes. Et Dreyfus, faute de marquer les temps, est entré, s'est laissé entrer dans le crime Jaurès.

Quelle fut la répercussion de cette double dérivation, de cette double décadence, de ce double détournement, de ce détournement à deux temps sur l'efficacité de nos démonstrations dreyfusistes, il était aisé de le prévoir. Quand on s'efforce de démontrer qu'un homme n'est point un traître pensant profondément qu'il *ne faut pas* être un traître, on est au moins écouté. Mais quand on s'efforce de démontrer qu'un homme n'est point un traître laissant dire et disant qu'il *faut* être un traître, l'opération, la démonstration devient extrêmement suspecte. Car alors, dans l'hypothèse hervéiste, qu'il faut trahir, qu'il faut être un traître, s'il n'a pas trahi, il a eu les plus grands torts, ce Dreyfus. Et alors pourquoi le défendre. Par une sorte de gageure, de suprême élégance on le défendrai d'avoir commis un crime que précisément il faudrait commettre, on le défendrait d'avoir fait ce que précisément il fallait faire : c'est bien de l'honneur c'est bien de la politesse. C'est trop poli pour être honnête. S'il faut être un traître militaire, Dreyfus a eu les plus grands torts de ne le point être. Et on le défendrait précisément d'avoir fait ce qu'il faut faire. On dirait : Il n'a pas trahi. Il a eu tort, car il faut trahir. Aussi nous le défendons. Ce serait, ce ferait un retournement de politesse bien acrobatique, une galanterie bien française, un retournement diagonal, diamétral de politesse. Une opération bien suspecte. Ces gens ne vous avaient point habitués à ces gageures de politesse. Tant de politesse devient extrêmement suspecte. Dans le raisonnement hervéiste en effet, s'il est permis de le nommer ainsi, Dreyfus, *tant qu'il ne trahit pas*, est un bien grand coupable. Il est un grand criminel. D'autant plus criminel et d'autant plus coupable qu'il était mieux situé, militairement, qu'il avait une admirable situation pour trahir. Militairement. Hervé, lui, n'avait pas cet honneur, il n'avait pas ce bonheur d'avoir, de pouvoir avoir à sa disposition les graphiques des chemins de fer. Comment, voilà un homme, Dreyfus, qui pouvait avoir en main les graphiques des chemins de fer et il ne les aurait pas instantanément sabotés. Quel être. Il ne faut pas oublier que Hervé est un monsieur qui le premier jour de la mobilisation, plus précisément dans la première heure du premier jour, c'est-à-dire, je pense, de minuit 01 à 1 heure 00 fusillera les cinq cent trente-sept mille hommes de l'armée (française) active ; plus les treize cent cinquante-sept mille hommes de la réserve de l'armée active, qui forment avec elle le premier ban ; puis les cinq cent soixante-seize mille hommes de l'armée territoriale ; puis les sept cent cinquante et un mille hommes de la réserve de l'armée territoriale, qui forment avec elle le deuxième ban ; sans compter le premier et le deuxième ban des volontaires ; et si on ne l'arrête il fusillera aussi les troupes noires, de récente formation, la célèbre, la fameuse *division noire*, les Toucouleurs, Ouolofs, Sarakollés, Malinkés, et les autres populations, Djermas, Bellas, Baribas, Baoulés, Bobos, Soussous, et Nagots et les Tourelourous et mesdames leurs épouses. Tout ça avec des revolvers *américains*, car il ne veut point encourager la production nationale. Je me garderai de dire que ce sont des *Brownings*, on leur a déjà assez fait de publicité. À cette marque. Auprès de ce grand massacre, bien connu sous le nom de *massacre des deux bans*, que pèse la tradition d'un graphique des chemins de fer. Hervé parle souvent de l'affaire Dreyfus, il en écrit dans son journal. S'il était conséquent, constant avec lui-même, s'il était logique, – et logicien, mais les plus rigoureux, les plus cruels logiciens, pour les autres, ne sont pas toujours ceux qui sont les plus impitoyables pour soi, – s'il était logique avec lui-même il dirait : Nous avons défendu ce Dreyfus, nous avons eu tort. Pensez donc : Il était capitaine ; capitaine d'État-Major ; enfin il travaillait dans les bureaux de l'État-Major de l'armée. Il était merveilleusement outillé, merveilleusement situé pou trahir. Et malheureusement il n'a pas trahi. Cet homme insuffisant n'a pas trahi.

Voilà ce que Hervé dirait, s'il était logique et s'il était libre. Voilà ce que les événements, ce que réalité dit pour lui. On voit assez quelle est pour nous la conséquence, quelle est sur notre situation historique la répercussion de ce changement de situation géographique. Quand je dis nous, naturellement, je veux dire notre parti, nos politiciens. Car il ne s'agit pas de nous mêmes. C'est un retour en arrière, une répercussion en arrière, une répercussion remontante, reportée en arrière, réversible, reversée, reportée sur tout ce que nous avions dit, sur tout ce que nous avions fait, sur tout ce que nous avions été. Quand nous repoussions l'accusation d'être un traître repoussant profondément l'idée même d'être un traître, on pouvait nous combattre, mais au moins nous nous faisions écouter. Quand au contraire nous repoussons l'accusation d'être un traître accueillant profondément l'idée d'être un traître, comment ne pas voir que nous devenons instantanément suspects. Que nous perdons l'audience même.

Et même l'audience que nous avions déjà eue, obtenue. L'ancienne audience.

Une audience qui paraissait acquise.

Une audience aujourd'hui annulée.

On peut se déshonorer en arrière.

Jaurès ici intervient, au débat, et se défend. Si je reste avec Hervé, dit-il, dans le même parti, si j'y suis resté constamment, toujours, si longtemps, malgré les innombrables couleuvres que Hervé m'a fait avaler, c'est pour deux raisons également valables. Premièrement c'est précisément, c'est à cause de ces innombrables couleuvres mêmes. Il faut bien songer que ce Hervé est l'homme du monde qui m'a administré le plus de coups de pied dans le derrière. En public et en particulier. Dans les congrès et dans les meetings. Dans son journal. Publiquement et privément, comme dit Péguy. Il faut l'en louer. Et comme il me connaît bien. Il faut l'en récompenser. Il faut que tant de zèle soit récompensé. Comme il sait que je ne marche *jamais* qu'avec ceux qui me maltraitent. Qui me poussent. Qui me tirent. Qui me bourrent. Et que je ne marche jamais avec les imbéciles qui m'aimaient. Comme il connaît bien le fond, si je puis dire, de mon caractère. Il faut aussi, il faut bien que tant de perspicacité soit récompensée. Il me connaît si bien. Il me connaît comme moi-même. Il sait que quand quelqu'un m'aime et me sert, le sot, me prodigue les preuves les plus incontestables de l'amitié la plus dévouée, du dévouement le plus absolu, aussitôt je sens s'élever dans ce qui me sert de cœur d'abord un commencement, un mépris invincible pour cet imbécile. Faut-il qu'il soit bête en effet, d'aimer un ingrat comme moi, de s'attacher à un ingrat comme moi. Comme je le méprise, ce garçon. En outre, en deuxième, ensemble, en même temps un sentiment de jalousie, de la haine envieuse la plus basse contre un homme qui est capable de concevoir les sentiments de l'amitié. Enfin un tas d'autres beaux sentiments, fleurs de boue, plantes de vase, qui poussent dans la boue politique comme une bénédiction de défense républicaine. Hervé sait si bien tout cela que je l'admire moi-même. Comme il connaît bien ma *psychologie*, si vous permettez. Et qu'au contraire quand je reçois un bon coup de pied dans le derrière, je me retourne instantanément avec un sentiment de respect profond, avec un respect inné pour ce pied, pour ce coup, pour la jambe qui est au bout du pied, pour l'homme qui est au bout de la jambe ; et même pour mon derrière, qui me vaut cet honneur. Un bon coup de pied dans le *Hinterland*, dans mon *Hinterland*. Et quand je pense qu'il y a des gens qui disent que je n'ai pas de fond. Je hais mes amis. J'aime mes ennemis. On ferait une belle comédie avec mon *caractère*. Je hais mes amis parce qu'ils m'aiment. Je méprise mes amis parce qu'ils m'aiment. Parce qu'ils m'aiment j'ai en moi pour eux, je sens monter en moi contre eux une jalousie bassement envieuse, l'invincible sentiment d'une incurable haine. Je trahis mes amis parce qu'ils m'aiment. J'aime, je sers, je suis, j'admire mes ennemis parce qu'ils me méprisent, (ils ne me haïssent même pas), parce qu'ils me maltraitent, parce qu'ils me violentent, parce qu'ils me connaissent enfin, parce qu'ils me connaissent donc. Et ils savent si bien comment on me fait marcher. Quand un me trahit, je l'aime double, je l'admire, j'admire sa compétence. Il me ressemble tant. J'ai un goût secret pour la lâcheté, pour la trahison, pour tous les sentiments de la trahison. Je suis double. Je m'y connais. J'y suis chez moi. J'y suis à l'aise. On ferait une grande tragédie, une triste comédie avec mon *caractère*. Hervé ne la ferait peut-être pas mal. Il me connaît si bien. Il y a des exemples innombrables que j'aie trahi mes amis. Depuis trente ans que je fonctionne, il n'y a pas un exemple que j'aie trahi mes ennemis. C'est vous dire que j'excelle dans tous les sentiments politiques. On ferait un beau roman de l'histoire des soumissions que j'ai faites à notre camarade, au citoyen Hervé.

Ce vice, secret, ce goût secret que j'ai pour l'avanie. J'encaisse, j'encaisse. Ce goût infâme que j'ai pour l'avanie. Pour le déshonneur, de l'avanie. Je suis l'homme du monde qui reçoit, qui encaisse le plus d'avanies. À mon banc. Dans mon journal même. À mon banc Guesde n'en rate pas une. Il ne manque point, il ne manque jamais de s'adresser à la Chambre au long de mes oreilles. Aussi comme je respecte, comme j'admire, comme j'estime, comme je vénère ce grand Guesde, ce dur Guesde. De cette vénération qui est pour moi le même sentiment que l'effroi. Comme je me sens petit garçon à côté de ces hommes, à côté d'un Guesde, à côté surtout d'un Hervé.

Et ce goût de l'ingratitude que j'ai, qui est au fond le même que le goût de l'avanie. Voyez comme aujourd'hui je traite et laisse traiter (ou fais traiter) Gérault-Richard qui pendant huit ans s'est battu pour moi.

Ainsi parle Jaurès. Deuxièmement, dit-il, si je suis resté avec Hervé, c'est précisément pour l'affaiblir, pour l'énerver, pour lui oblitérer sa virulence. C'est ma méthode. Quand je vois une doctrine, un parti, devenir pernicieux, dangereux, autant que possible je m'en mets. Mais généralement comme j'en suis j'y reste. Mais alors j'y reste complaisamment. J'adhère. Je m'y colle. Je parle. Je parle. Je suis éloquent. Je suis orateur. Je suis oratoire. Je redonde. J'inonde. Je reçois précisément ces coups de pied au quelque part que fort ingratement vous me reprochez. (Pourquoi me les reprochez-vous, vous à moi, puisque moi je ne les reproche pas à ceux qui me les donnent). Mais ces coups de pied, ça n'empêche pas de parler au contraire. Ça lance pour parler. Enfin bref, ou plutôt long, après un certain temps de cet exercice, (et je ne parle pas seulement, j'agis en outre, j'agis en dessous), (j'excelle dans le travail des commissions, dans les (petits) complots, dans les combinaisons, dans le jeu des ordres du jour, dans les petites manigances, dans les commissions et compromissions et ententes, dans tout le travail souterrain, sous la main, sous le manteau. Dans le jeu, dans l'invention des majorités, factices ; faites, obtenues par un savant compartimentage des scrutins. Dans tout ce qui est le petit et le grand mécanisme politique et parlementaire.) enfin, au bout d'un certain temps de cet exercice il n'y a plus de programme, il n'y a plus de principe, il n'y a plus de parti, il n'y a plus rien, il n'y a plus aucune de ces virulences. Quand je me suis bien collé à eux pendant un certain temps, supportant pour cela les avanies qu'il faut, quand je suis resté dans un parti pendant un certain temps, pendant le temps voulu, au bout de ce temps on voit, on s'aperçoit, tout le monde comprend que je les ai trahis. Comprenez-vous enfin, gros bête, me dit-il me poussant du coude.

Quand je suis, quand je me mets dans un parti, ça se connaît tout de suite, presque tout de suite, à ce que c'est un parti qui devient malade. Quand je me mets quelque part, ça se voit, ça se reconnaît à ce que ça va mal. Ça ne marche plus. Quand je me mets dans une idée, elle devient véreuse.

Notre Jeunesse

Je l'ai fait au dreyfusisme ; je l'avais fait et je l'ai fait au socialisme ; je l'ai fait et je le fais à l'hervéisme ; je l'ai fait et je le fais au syndicalisme. C'est encore le radicalisme que j'ai trahi le moins. Il n'y a que le combisme que je n'ai jamais pas trahi du tout.

Je crois Jaurès très capable de trahir tout le monde, et les traîtres mêmes. Mais ici encore il souffrira que nous ne l'accompagnions pas. Pour deux raisons, nous aussi. La première est assez basse et je m'en excuse d'avance. Elle est politique. C'est qu'on a beau être Jaurès, en pareille matière on ne sait jamais où l'on va, jusqu'où l'on entre, jusqu'où on réussit, ou au contraire jusqu'où l'événement réussit contre vous, jusqu'où les autres, ceux où l'on entre, réussissent contre vous, sur vous, en vous-même. J'entends bien que c'est une espèce de contre-espionnage. Mais justement on sait assez combien les services du contre-espionnage (on l'a su notamment par l'affaire Dreyfus même, on l'a vu par tant d'autres) sont bizarrement mais naturellement embarbouillés, imbriqués dans les services contraires du droit espionnage. On ne sait jamais bien jusqu'où on trahit les traîtres. Jusqu'où on y réussit. Et jusqu'où au contraire la trahison, l'habitude, le goût de la trahison s'infiltre, pénètre dans les veines mêmes. On voit bien ce qu'on fait pour eux. On voit moins bien ce qu'on fait contre eux. Quand on va officiellement formellement avec eux, parmi eux, on voit bien la force qu'on leur apporte. On voit beaucoup moins bien le tort qu'on leur fait.

La trahison de tous que l'on fait avec eux, à leur exemple, dans leur compagnie, on voit bien ce qu'elle rapporte, ce qu'elle leur apporte de trahison réelle. On voit bien ce qu'elle est de trahison. Au contraire la trahison d'eux que l'on est censé faire, on ne voit pas du tout toujours à quoi elle aboutit, ce qu'elle rend. Ce qu'elle est.

Quand une fois on a lâché, une fois qu'on a rendu la main, on ne sait plus jusqu'où elle se rend.

Deuxièmement, et celle-ci est une raison de bonne compagnie, tirée de la vieille morale, et je suis heureux de la dire : On n'a pas le droit de trahir les traîtres mêmes. On n'a jamais le droit de trahir, personne. Les traîtres, il faut les combattre, et non pas les trahir.

Hervé même, qui fait tant le fendant depuis que ça lui rapporte, fût-ce des mois de prison, et des années, quatre années aujourd'hui, mais c'est toujours un rapport, Hervé au contraire, qui fait profession de tout dire, lui, et de n'avoir peur de rien, Hervé était au contraire d'une sorte de prudence consommée, même cauteleuse, il ne faut pas dire bretonne pendant tout le temps de son introduction. Tout eut été si simple, si direct, s'il nous eut dit directement : Mesdames et messieurs, citoyennes et citoyens, j'arrive de Sens. Vous voyez en moi le traître. Ce que Dreyfus n'a malheureusement pas été, je le suis. Ce que Dreyfus n'a malheureusement pas fait, je le veux faire, je suis venu à Paris pour le faire. *Je me suis fait venir de Sens pour être traître.* Je suis celui qui enseignerai désormais la trahison militaire, techniquement parlant. On s'était trompé jusqu'ici. Il faut être un traître, et nommément un traître militaire.

Comme le disaient nos maîtres, nos communs maîtres, j'ai *renouvelé la question*.

S'il nous eût dit tout simplement cela.

Mais dans ce temps-là je le connaissais beaucoup. Ce pacifiste s'avançait avec une prudence extraordinaire dans le sentier.

Le hervéisme a ainsi dénaturé en retour, déformé en arrière, disqualifié en remontant le dreyfusisme par une rétroactivité, une rétroaction, une rétroversibilité, une rétrospectivité, une rétroversion, une rétrospection, une responsabilité remontante. Une rétroresponsabilité.

On peut se démentir en arrière. C'est même ce qui l'on fait le plus souvent. Dans la décomposition du dreyfusisme cette rétroaction, cette rétroversion fut au moins triple, elle fut peut-être quadruple. Par son endossement, par son invention, par son imposition du combisme Jaurès créa *en arrière* cette illusion que le dreyfusisme était anticatholique, antichrétien. Par son endossement de l'hervéisme il créa *en arrière* cet illusion que le dreyfusisme était antinationaliste, antipatriote, antifrançais. Par son endossement (dans le combisme) de la démagogie primaire et laïque il crée *en arrière* cette illusion que le dreyfusisme était barbare, était contre la culture. Par son endossement (dans le socialisme) du syndicalisme démagogique, je veux dire de ce qu'il y a de démagogique dans le syndicalisme, dans l'invention et dans l'enseignement du sabotage, il créa *en arrière* cette illusion que dreyfusisme était un élément important, peut-être, capital, du désordre, de la désorganisation industrielle, de la désorganisation nationale.

Nous fûmes des héros. Il faut le dire très simplement, car je crois bien qu'on ne le dira pas pour nous Voici très exactement en quoi et pourquoi nous fûmes des héros. Dans tout le monde où nous circulions dans tout le monde où nous achevions alors les année de notre apprentissage, dans tout le milieu où nous circulions, où nous opérions, où nous croissions encore et où nous achevions de nous former, la question qui se posait, pendant ces deux ou trois années de cette courbe montante, n'était nullement de savoir si *en réalité* Dreyfus était innocent (ou coupable). C'était de savoir si on aurait le courage de le reconnaître, de le déclarer innocent. De le manifester innocent. C'était de savoir si on aurait le double courage. Premièrement le premier courage, le courage extérieur, le grossier courage, déjà difficile, le courage social, public de le manifester innocent dans le monde, aux yeux du public, de l'avouer au public, (de le glorifier), de l'avouer publiquement, de le déclarer publiquement, de témoigner pour lui publiquement. De risquer là-dessus, de *mettre* sur lui tout ce que l'on avait, tout un argent misérablement gagné, tout un argent de pauvre et de misérable, tout un argent de petites gens, de misère et de pauvreté ; tout le temps, toute la vie, toute la carrière ; toute la santé, tout le corps et toute l'âme ; la ruine du corps, toutes les ruines, la rupture du cœur, la dislocation des familles, le reniement des proches, le détournement (des regards) des yeux, la réprobation muette ou forcenée, muette et forcenée, l'isolement, toutes les quarantaines ; la rupture d'amitiés de vingt ans, c'est-à-dire, pour nous, d'amitiés commencées depuis toujours. Toute la vie sociale. Toute la vie du cœur, enfin tout. Deuxièmement le deuxième courage, plus difficile, le courage intérieur, le courage secret, s'avouer à soi-même en soi-même qu'il était innocent. Renoncer pour cet homme à la paix du cœur.

Non plus seulement à la paix de la cité, à la paix du foyer. À la paix de la famille, à la paix du ménage. Mais à la paix du cœur.

Au premier des biens, au seul bien.

Le courage d'entrer pour cet homme dans le royaume d'une incurable inquiétude. Et d'une amertume qui ne se guérira jamais.

Nos adversaires ne sauront jamais, nos ennemis ne pouvaient pas savoir ce que nous avons sacrifié à cet homme, et de quel cœur nous l'avons sacrifié. Nous lui avons sacrifié notre vie entière, puisque cette affaire nous a marqués pour la vie. Nos ennemis ne sauront jamais, nous qui avons bouleversé, retourné ce pays nos ennemis ne sauront jamais combien peu nous étions, et dans quelles conditions nous nous battions, dans quelles conditions ingrates, précaires, dans quelles conditions de misère et de précarité. Combien par conséquent pour vaincre, puisque enfin nous vainquîmes, il nous fallut déployer, manifester, retrouver en nous, dans notre race, les plus anciennes, les plus précieuses qualités de la race. La technique même de l'héroïsme, et nommément de l'héroïsme militaire. Il ne faut pas se prendre aux mots. La *discipline* des *anarchistes*, par exemple, fut notamment admirable. Il n'échappe point à tout homme avisé que c'était en nous qu'étaient les vertus militaires. En nous et non point, nullement dans l'État-Major de l'armée. Nous étions, une fois de plus nous fûmes cette poignée de Français qui sous un feu é crasant enfoncent des masses, conduisent un assaut, enlèvent une position.

Comment nos ennemis, comment nos adversaires le sauraient-ils, quand nos amis (je veux dire ceux de notre parti, de notre bord, les politiques, les historiens de notre bord) quand nos amis mêmes ne s'en aperçoivent même pas. Sur ce point particulier des anarchistes, par exemple, ne leur demandez point à eux-mêmes des renseignements sur eux-mêmes. Ils vous jureraient leurs grands dieux, si je puis dire, qu'ils n'ont jamais été aussi indisciplinés. Les gens sont tous et si profondément intellectualistes qu'ils aiment mieux trahir, se trahir eux-mêmes, trahir, abandonner, renier leur histoire et leur propre réalité, renier leur propre grandeur et tout ce qui fait leur prix, tout plutôt que de renoncer à leurs formules, à leurs tics, à leurs manies intellectuelles, à l'idée intellectuelle qu'ils veulent avoir d'eux et qu'ils veulent que l'on ait d'eux.

Les théoriciens de *l'Action française* veulent que l'affaire Dreyfus ait été dans son principe même, dans son origine non seulement une affaire pernicieuse, une affaire véreuse, mais une affaire intellectuelle, une invention, une construction intellectuelle ; un complot intellectuel. Je me permettrai de dire à mon tour, et en retour, que cette idée même me paraît être le résultat d'une construction intellectuelle. Si l'on engageait la conversation, je dis une conversation un peu suivie avec les hommes de ce parti, on (dé)montrerait peut-être aisément, on en viendrait, je crois, rapidement à poser qu'ils sont et surtout qu'ils se croient les grands ennemis du parti intellectuel et du monde moderne, mais qu'en réalité ils sont eux-mêmes une certaine sorte de parti intellectuel et de parti moderne. Très notamment un parti de logiciens, un parti logique. C'est ce qu'il y aurait à dire sur eux de plus probant Sinon de plus profond. Aussi on ne le dit pas. Cela se voit notamment à la forme de leur bataille même notamment à l'idée qu'ils ont, qu'ils se font du parti intellectuel, de leurs adversaires intellectuels du parti intellectuel. Ils s'en font une idée, une représentation toute intellectuelle. Elle-même. Ils soutiennent contre eux, on serait tenté de dire avec eux un combat, une bataille intellectuelle, sur un plan, sur le plan intellectuel, en langage intellectuel, avec des armes intellectuelles. Ainsi généralement ils se font de leurs adversaires une idée intellectuelle, parce qu'étant eux-mêmes intellectuels ils se font une idée intellectuelle de tout, et deuxièmement, par un recoupement, par un secret accord du mécanisme des mentalités, ils font des intellectuels, du parti intellectuel, une idée comme doublement intellectuelle ; intellectuelle dans son corps et dans son mode ; dans sa matière et dans sa forme ; dans son auteur et dans son objet ; dans son point d'origine et dans son point d'application ; de tout son trajet.

Sur cette question historique particulière de l'origine de l'affaire Dreyfus quand je lis dans *l'Action française* les souvenirs notamment de M. Maurice Pujo je vois qu'il croit (et naturellement qu'il croit rappeler, mais je crois, moi, que c'est une opération purement intellectuelle, un phénomène très connu ce siècle de domination intellectuelle, une sorte de report de l'intellectuel sur la mémoire même, une introduction de l'intellectuel dans la même d'obumbration, une ombre portée, sur la mémoire, de l'idéation intellectuelle) il croit se rappeler que l'affaire Dreyfus a été préparée de toutes pièces, qu'elle a été comme montée dès l'origine, dès le principe, par le parti intellectuel.

Il obéit ainsi, il obéit ici à la plus grande illusion intellectuelle peut-être, je veux dire et à celle qui est la plus grande en nombre, en quotité, la plus nombreuse, à celle qui s'exerce le plus fréquemment, et à celle qui est la plus grande en quantité, dont l'effet est le plus grand, et plus grave ; non pas seulement à cette illusion intellectuelle pour ainsi dire générale, de substituer partout, dans tout l'événement historique, la formation organique ; mais très particulièrement à cette illusion d'optique historique intellectuelle qui consiste à reporter incessamment le présent sur le passé, l'ultérieur incessamment sur l'antérieur, tout l'ultérieur incessamment sur tout l'antérieur ; illusion pour ainsi dire technique ; et organique elle-même, je veux dire organique de l'intellectuel ; illusion de perspective, ou plutôt substitution totale, essai de substitution totale de la perspective à l'épaisseur, à la profondeur, essai de substitution totale du regard de perspective à la connaissance réelle, au regard en profondeur, au regard de profondeur ; essai de substitution totale du regard de perspective, à deux dimensions, à la connaissance réelle à trois dimensions d'un réel, d'une réalité à trois dimensions ; illusion d'optique, illusion de regard, illusion de recherche et de connaissance que j'essaie d'approfondir lui-même, entre toutes les illusions, (car elle est capitale, et d'une importance capitale), dans la thèse *de la situation faite à l'histoire dans la philosophie générale du monde moderne* ; illusion qui consiste à substituer constamment au mouvement organique réel de l'événement de l'histoire, qui se meut perpétuellement du passé vers le futur en passant, en tombant perpétuellement par cette frange du présent, une sorte d'ombre dure angulaire portée à chaque instant du présent sur le passé, l'ombre du coin du mur et du coin de la maison, du pignon que nous croyons avoir sur la rue.

Quand on effectue ce report il semble en effet que le parti intellectuel a monté toute l'affaire Dreyfus. Mais quand on ne l'effectue pas on se rappelle qu'il n'a rien monté du tout. D'abord généralement en histoire on ne monte rien du tout. Ou enfin on ne monte pas tant que ça. Ce qu'il y a de plus imprévu, c'est toujours l'événement. Il suffit d'avoir un peu vécu soi-même hors des livres des historiens pour savoir, pour avoir éprouvé que tout ce qu'on monte est généralement ce qui arrive le moins, et que ce qu'on ne monte pas est généralement ce qui arrive. Sans doute il y a des préparations, mais il faut qu'elles soient générales, il n'y a guère de montages particuliers, de montages de détail. Et quand il y a des montages de détail, il faut qu'ils soient bien immédiats, presque instantanés, qu'ils précèdent de bien peu l'effet. Autrement la déconvenue s'intercale. Napoléon sans doute a bien monté Austerlitz. Mais il ne le montait pas le jour du 18 Brumaire. Et pourtant il était un autre préparateur, un autre monteur que le parti intellectuel. C'est la plus fréquente, la plus générale erreur intellectuelle, et elle (pro)vient précisément de ce report du présent sur le passé, que de croire que tout a été monté et que c'est ce qui a été monté qui a réussi. Si le parti intellectuel avait été si malin, (si fort), que de faire une aussi grande affaire que l'affaire Dreyfus, que de la monter, mais alors il aurait précisément les vertus que nous lui nions, et il n'y aurait plus, messieurs, qu'à lui rendre les armes. Rassurez-vous, il ne les a point. Il est venu pour profiter, comme tous les profiteurs viennent ensuite. Il est venu en parasite, en suiveur. Il n'était point venu pour combattre, il n'était point venu pour fonder. C'est précisément la commune erreur historique, la commune erreur intellectuelle en matière d'histoire, que de reporter, en toute affaire historique, sur les vertus des fondateurs l'ombre portée des abusements des profiteurs.

Les fondateurs viennent d'abord. Les profiteurs viennent ensuite.

On peut préparer toute une carrière, toute une vie, on ne peut pas la monter. On peut préparer une guerre, une révolution, (et encore), (il faut être beaucoup, et encore), on ne peut pas la monter. À l'autre extrémité de la ligne, de la série, comme toujours, dans le détail on peut monter une journée, une bataille, une émeute, bataille de rues, et encore. Mais au milieu de la ligne, de la série, comme toujours, on ne peut pas monter à distance dans le détail une affaire. On peut monter une journée, un coup d'État, une émeute, un coup de force. D'une préparation, d'un montage immédiat. On ne peut pas monter à quelque distance, au milieu, de loin, d'ensemble une aussi grosse affaire. Ou si on la montait elle n'arriverait pas.

C'est à peine déjà si on peut monter une affaire, sens industriel et commercial de ce mot.

C'est précisément ce qui est en cause. Si le parti intellectuel était assez malin, assez fort, assez pénétrant dans la réalité pour avoir monté, pour avoir su pour avoir pu monter une aussi grosse affaire, s'il avait été de taille et d'une profondeur à soulever ainsi un gros mouvement de la réalité, un aussi gros mouvement, s'il avait été capable de malaxer ainsi, triturer, de manier, d'élaborer, de pétrir un aussi gros morceau de la réalité, justement alors, alors précisément ils ne seraient pas ce que nous nommons le parti intellectuel, ils n'auraient point ces défauts, ces vices que nous nommons précisément du parti intellectuel cette stérilité, cette incapacité, cette débilité ; cet sécheresse, cet artificiel, ce superficiel ; cet intellectuel. Ils seraient au contraire des gens qui auraient travaillé, connu, malaxé, pétri de la réalité. Ils seraient des gens qui auraient trempé dans la réalité même. pour avoir trituré un aussi gros morceau de la réalité, ils seraient de singulièrement gros hommes, d'action d'un rude calibre, d'un rude gabarit, d'un rude volume, de(s) grands réalistes, des maîtres. Enfin tout ce que précisément nous leur nions. Ils seraient des Richelieu et des Napoléon. Ils seraient peut-être, sans doute des tyrans encore. Mais ils seraient des grands tyrans, des tyrans considérables, des maîtres, des réalistes. Tout ce que précisément nous leur nions. Ils seraient des tyrans comme Richelieu et Napoléon. Ils baigneraient, ils tremperaient, ils commanderaient dans la réalité.

On nous abuse beaucoup, les historiens, sur la valeur des préparations historiques. En 1870 même, au mois d'août, si une armée française, comme elle était, avait été remise aux mains d'un Napoléon Bonaparte, tous les tiroirs et toutes les préparations, toutes les fiches et tous les registres d'un de Moltke seraient aujourd'hui la risée des historiens mêmes.

Ils commettent une erreur du même ordre, plus qu'une erreur analogue, une erreur inverse et parallèle quand ils nous nomment *le parti de l'étranger*. Ils reportent sur nous les abusements de Hervé. Ou plutôt ils commettent une erreur parallèle et non point de sens contraire, mais de même sens, car en un sens Hervé est lui aussi un profiteur. Il est un parasite. Il est même un parasite de nous. Sur ce point particulier c'est encore nous qui avons été des fondateurs, les fondateurs, et c'est Hervé qui en un sens a été un profiteur. Il n'eût point atteint en quelques jours, en quarante-huit heures, cette sorte non pas seulement de réputation, de célébrité, mais de gloire propre qu'il a s'il ne s'était pas fondé sur nos propres, sur nos lentes fondations, s'il n'avait pas profité, abusé de nos grandes préparations. Nos adversaires feraient bien, ils auraient le droit, et même le devoir, ils auraient raison de nommer Hervé *le parti de l'étranger*. Ils ne le font généralement point, pour des raisons fort honorables, comme de respecter un prisonnier, et aussi pour un fort honorable compagnonnage de prison, pour avoir été en prison ensemble, pour d'autres aussi qui le sont peut-être moins, comme par une sorte de sympathie de trouble, une secrète amitié de désordre, une secrète complaisance de démagogie. Une complaisance à l'opposition, quelle qu'elle soit, quand même elle est au fond encore plus une opposition à eux-mêmes ; une complaisance à tout ce qui trouble un régime détesté. À tout ce qui embête un gouvernement haï. Alors ils se rattrapent, de cette indulgence et de ce compagnonnage et de cette sympathie et de cette complaisance en nous nommant, nous, *le parti de l'étranger*. C'est une sorte de virement. C'est aussi le même report. On reporte sur nous fondateurs la trahison de Hervé profiteur. On reporte sur nous antécédents la trahison de Hervé suivant, de Hervé successeur. C'est un transfert. On reporte sur nous fondateurs la trahison de Hervé parasite. L'attention que l'on préfère ne point accorder à Hervé, on nous l'accorde à nous généreusement. Seulement, passant de Hervé à nous son contraire elle change de signe Puisqu'elle passe au contraire gardant le même signe Alors que, passant au contraire, elle devrait prendre le signe contraire. Il faut donc que par une opération intérieure, purement arbitraire, elle change de signe. On la fasse arbitrairement changer de signe. Le grief que l'on devrait faire à Hervé, c'est précisément celui là que l'on nous fait à nous son contraire.

Ils commettent une erreur non pas seulement du même ordre, mais de la même tribu, de la même *gens* une erreur voisine, alliée, une erreur apparentée, une erreur de la même famille quand ils attribuent, quand ils nous représentent l'affaire Dreyfus comme montée par le parti juif. Il ne faudrait pas beaucoup me pousser pour me faire déclarer ce que je pense, que l'affaire Dreyfus, dans la mesure où elle fut montée, fut montée *contre* le parti juif. De toutes les résistances que Bernard-Lazare eut à refouler, pour commencer, dans le principe, les premières furent naturellement les résistances juives, puisque c'étaient celles de son propre milieu. Mais elles ne furent pas seulement les premières, elles furent aussi les plus énergiques peut-être. Les plus profondes, je crois. Sans doute les plus agissantes. Et ensuite ceux qui lui pardonnèrent le moins ce furent encore les Juifs. J'entends les politiciens juifs, le parti (politique) juif. De même que du côté intellectuel, dans le camp, dans le clan intellectuel, même dans le clan universitaire cette affaire Dreyfus fut commencée, fut engagée par quelques forcenés contre la résistance, contre la réprobation du parti, contre les résistances sourdes ou avouées, contre le silence et la peur et l'activité politique du parti. Le parti (politique) intellectuel ne s'y engagea lui-même que quand il crut que l'heure des dépouilles était venue.

Il est certain qu'il y a eu une trahison au moins dans l'affaire Dreyfus, et c'est la trahison du dreyfusisme même. Mais c'est commettre une erreur totale que de s'imaginer que cette trahison a été montée, délibérément commise, délibérément exercée par des Juifs sur des chrétiens. Dans l'État-Major de cette trahison il y avait Jaurès, qui n'est pas juif, il y eut, il vint Hervé, qui n'est pas juif. Jaurès est toulousain, Hervé est breton. Dans *le parti de l'étranger* je vois Hervé ; si Hervé avait du courage (non point du courage moral si je puis dire et sentimental, je suis assuré qu'il en a, mais du courage mental et intellectuel même, de la conséquence), il dirait : Voyez, je suis *en fait* le *parti de l'étranger* ; dans le parti de l'étranger je vois Hervé ; par endossement de Hervé, nous avons vu Jaurès. Par endossement de Jaurès nous en atteindrions, j'en ai bien peur, quelque autre. Mais enfin je ne vois dans ce parti, dans cet État-Major aucun Juif qui ait la taille, le volume social de Jaurès.

Ce que nos adversaires par contre ne peuvent pas savoir, ce que sincèrement ils ne peuvent pas imaginer, ce qu'ils ne peuvent pas compter, ce qu'ils ne connaissent pas, ce qu'ils ne peuvent pas se représenter, ce qu'ils ne soupçonnent pas, ce qu'ils ne peuvent pas même supposer, c'est combien de Juifs ont été irrévocablement développé s dans le désastre de l'affaire Dreyfus, combien de Juifs ont été les victimes, les réelles victimes, et sont demeurés les victimes de l'affaire Dreyfus, de cette trahison, de cette livraison de l'affaire Dreyfus. Combien de carrières, combien de vies juives ont été irréparablement ruinées, brisées, cela, nous le savons, combien de misères juives, nous le savons, nous qui étions de ce côté-ci de la bataille e pour le savoir il fallait être de ce côté-ci de la bataille, combien en sont restés marqués de misère pour leur vie entière ; sans recompter celui qui est mort, sans compter ceux qui sont morts, comme des nôtres. Car enfin c'est une prétention qui fait sourire, que cette prétention des antisémites, que tous les Juifs sont riches. Je ne sais pas où ils le prennent, comment ils font leur compte. Ou plutôt je le sais trop, quand ils sont sincères. Mettons que je le sais bien. L'explication est bien simple. C'est que dans le monde moderne, comme je l'ai indiqué si souvent dans ces cahiers mêmes, nul pouvoir n'existe, n'est, ne compte auprès du pouvoir de l'argent, nulle distinction n'existe, n'est, ne compte auprès de l'abîme qu'il y a entre les riches et les pauvres, et ces deux classes, malgré les apparences, et malgré tout le jargon politique et les grands mots de solidarité, s'ignorent comme à beaucoup près elles ne se sont jamais ignorées. Infiniment autrement, infiniment plus elles s'ignorent et se méconnaissent. Sous les apparences du jargon politique parlementaire il y a un abîme entre elles, un abîme d'ignorance et de méconnaissance, de l'une à l'autre, un abîme de non communication. Le dernier des serfs était de la même chrétienté que le roi. Aujourd'hui il n'y a plus aucune cité. Le monde riche et le monde pauvre vivent ou enfin font semblant comme deux masses, comme deux couches horizontales séparées par un vide, par un abîme d'incommunication. Les antisémites bourgeois ne connaissent donc que les Juifs bourgeois, les antisémites mondains ne connaissent et haïssent que les Juifs mondains, les antisémites qui font des affaires ne connaissent et ne haïssent que les Juifs qui font des affaires. Nous qui sommes pauvres, comme par hasard nous connaissons un très grand nombre de Juifs pauvres, et même misérables. Dans cette région des Juifs pauvres l'affaire Dreyfus, la trahison politique et politicienne, la trahison parlementaire, la banqueroute frauduleuse de l'affaire Dreyfus et du dreyfusisme a causé des ravages effroyables et qui ne seront jamais réparés. Ravages d'argent, de travail, de situations, de carrière, – de santé, – mais aussi ravages de cœur, désabusement qui est venu se joindre à l'éternel désabusement de la race.

Ils sont comme nous, ils sont parmi nous, ils sont nos amis, ils ont été éprouvés, ils ont souffert, ils on été maltraités autant que nous, plus que nous. Car ils s'en relèvent plus malaisément encore.

Comme nous ils sont des demi-soldes, ils sont et il seront toute leur vie dans cette situation ingrate de demi-soldes qui n'auraient point fait de grand campagnes historiques.

Ce qu'il faut dire, c'est qu'un État-Major de juifs et de chrétiens a trahi des troupes excellentes de juifs et de chrétiens. Et ce qu'il faut dire aussi, c'est que c'est toujours comme ça.

Voici exactement ce que je veux dire de Bernard-Lazare. Dans *le Temps* du vendredi 27 mai 1910 je lis ce simple filet, dans les petits caractères de la dernière heure : *Dernière heure. – L'expulsion des juifs de Kief. – Saint-Pétersbourg, 26 mai. – Les autorités de Kief ont procédé à l'expulsion de 1.300 familles israélites condamnées par une récente circulaire du ministère de l'intérieur, à quitter la ville. – La misère des expulsés est très grande.* (Havas) – Ce qu'il y a de poignant dans cette dépêche, ce n'est point seulement la sécheresse et la brièveté. C'est à quel point de telles dépêches passent aujourd'hui inaperçues. Ce que je veux dire, c'est que sous Bernard-Lazare elles ne passaient point inaperçues.

Le même *Temps*, – du mercredi 15 juin 1910 : *Les travaux de la Douma. – On a déposé sur le bureau de l'Assemblée un projet de loi tendant à abolir la séquestration des Juifs dans des quartiers spéciaux. Ce projet a l'appui de 166 députés de l'opposition et de quelques octobristes.*

Dans *le Matin* du dimanche 12 juin 1910, car il y en a presque tous les jours : *Les droits électoraux de la Pologne russe. – Saint-Pétersbourg, 11 juin. –* Dépêche particulière du « Matin ». – *La Douma a voté aujourd'hui une loi créant des zemstvos électifs dans six provinces du sud-ouest et assurant aux paysans un minimum du tiers des conseillers et aux propriétaires polonais un maximum qui est également fixé à un tiers. Les Polonais sont éligibles comme membres des comités exécutifs et reconnus qualifiés pour servir comme employés des zemstvos. Les juifs, par contre', (c'est moi qui souligne), les Juifs par contre sont entièrement exclus, 'sauf comme employés.*

Le projet présenté par le gouvernement privait les Polonais de la majeure partie de ces droits ; mais l'opposition, soutenue par les octobristes, a imposé ces amendements.

Dans *le Matin* du lundi 13 juin 1910 : *Six mille israélites sont expulsés de Kieff. – Saint-Pétersbourg, 12 juin. –* D'après la Rietch, *près de six mille israélites ont été expulsés de Kieff. La plupart sont de pauvres gens. Beaucoup d'entre eux, sans foyer et dans la plus grande misère, errent aux environs de la ville.*

Un fait à peine croyable est que leur expulsion a eu lieu en vertu de la circulaire de 1906 de M. Stolypine, circulaire qui accordait à tous les israélites alors à Kieff sans droit légal de résidence la permission d'y rester. Tous les israélites pouvant prouver qu'en 1906 ils résidaient légalement à Kieff son laissés tranquilles ; mais ceux au contraire qui s'y trouvaient alors illégalement tombent sous le coup d'arrêtés d'expulsion Chaque jour, de nouveaux groupes de victimes sont chassés de la ville. (Times.)

Et *dans le même* numéro du *Matin*, pour que ce soit complet, cette extraordinaire nouvelle, cette extraordinaire annonce de Salonique : les bateliers *juifs* exerçant un boycottage *turc* des marchandises *grecques*. C'est assez bien. *Le boycottage antigrec à Salonique. – Constantinople, 12 juin. – Les bateliers de Salonique, 'qui pour la plupart sont des israélites'*, (c'est encore moi qui souligne), *ont décrété le boycottage des steamers grecs.*
Ici, cependant, l'agitation antigrecque semble devenir moins violente et on espère que le gouvernement prendra les mesures nécessaires pour empêcher toute nouvelle propagation du mouvement. (Times.) Singulier peuple, qui a toutes ses querelles, propres, et qui épouse les querelles des autres, qui a toutes ses infortunes propres et épouse les fortunes et les infortunes des autres.

Par un mouvement parallèle, comparable, analogue, assimilable à plusieurs mouvements que nous avons déjà trouvés, dans cette matière même, sur ce point même les antisémites sont beaucoup trop modernes. Ils sont beaucoup plus modernes que nous. Ils sont beaucoup plus modernes qu'ils ne le veulent. Ils sont beaucoup plus modernes qu'ils ne le croient. Ils sont beaucoup plus enfoncés dans le monde moderne qu'ils ne le veulent et qu'ils ne le croient et que nous ne le sommes, ils en sont beaucoup plus teintés. C'est faire beaucoup d'honneur au monde moderne, c'est aussi pour ainsi dire en un certain sens le méconnaître, méconnaître justement son modernisme, sa modernité, ce qu'il est, c'est en méconnaître le virus que de dire : Le monde moderne est une invention, une forgerie, une fabrication, le monde moderne est inventé, a été inventé, monté, de toutes pièces, par les Juifs sur nous et contre nous. C'est un régime qu'ils ont fait de leurs mains, qu'ils nous imposent, où ils nous dominent, où ils nous gouvernent, où ils nous tyrannisent ; où ils sont parfaitement heureux, où nous sommes, où ils nous rendent parfaitement malheureux.

C'est bien mal connaître le monde moderne, que de parler ainsi.

Notre Jeunesse

C'est lui faire beaucoup d'honneur. C'est le connaître, c'est le voir bien superficiellement. C'est en méconnaître bien gravement, (bien légèrement), le virus, toute la nocivité. C'est bien en méconnaître toute la misère et la détresse. Premièrement le monde moderne est beaucoup moins monté. Il est beaucoup plus une maladie naturelle. Deuxièmement cette maladie naturelle est beaucoup plus grave, beaucoup plus profonde, beaucoup plus *universelle*.

Nul n'en profite et tout le monde en souffre. Tout le monde en est atteint. Les modernes mêmes en souffrent. Ceux qui s'en vantent, qui s'en glorifient, qui s'en réjouissent, en souffrent. Ceux qui l'aiment le mieux, aiment leur mal. Ceux mêmes que l'on croit qui n'en souffrent pas en souffrent. Ceux qui font les heureux sont aussi malheureux, plus malheureux que les autres, plus malheureux que nous. *Dans le monde moderne tout le monde souffre du mal moderne.* Ceux qui font ceux que ça leur profite sont aussi malheureux, plus malheureux que nous. *Tout le monde est malheureux dans le monde moderne.*

Les Juifs sont plus malheureux que les autres. Loin que le monde moderne les favorise particulièrement, leur soit particulièrement avantageux, leur ait fait un siècle de repos, une résidence de quiétude et de privilège, contraire le monde moderne a ajouté sa *dispersion* propre moderne, sa dispersion intérieure, à leur dispersion séculaire, à leur dispersion ethnique, à leur antique dispersion. Le monde moderne a ajouté son trouble à leur trouble ; dans le monde moderne cumulent ; le monde moderne a ajouté sa misère à leur misère, sa détresse à leur antique détresse ; il a ajouté sa mortelle inquiétude, son inquiétude incurable à la mortelle, à l'inquiétude incurable de la race, à l'inquiétude propre, à l'antique, à l'éternelle inquiétude.

Il a ajouté l'inquiétude universelle à l'inquiétude propre.

Ainsi ils cumulent. Ils sont à l'intersection. Ils se recoupent sur eux-mêmes. Ils recoupent l'inquiétude juive, qui est leur, par l'inquiétude moderne, qui est nôtre et leur. Ils subissent, ils reçoivent ensemble, à cette intersection, l'inquiétude verticale et l'inquiétude horizontale ; l'inquiétude descendante verticale et l'inquiétude étale horizontale ; l'inquiétude verticale de la race, l'inquiétude horizontale de l'âge, du temps.

Dans cette âpre, dans cette mortelle concurrence du monde moderne, dans cette compromission, dans cette compétition perpétuelle ils sont plus chargés que nous. Ils cumulent. Ils sont doublement chargés. Ils cumulent deux charges. La charge juive et la charge moderne. La charge de l'inquiétude juive et la charge de l'inquiétude moderne. Le mutuel appui qu'ils se prêtent, (et que l'on a beaucoup exagéré, car il y a aussi, naturellement, des inquiétudes intérieures, des haines, des rivalités, des compétitions, des ressentiments intérieurs ; et pour prendre tout de suite un exemple éclatant, l'exemple culminant la personne et la si grande philosophie de M. Bergson, qui demeurera dans l'histoire, qui sera comptée parmi les cinq ou six grandes philosophies, de tout le monde, ne sont point détestées, haïes, combattues par personne, dans le parti intellectuel, autant que par certains, par quelques professeurs juifs notamment de philosophie), le mutuel appui qu'ils se prêtent est amplement compensé, plus que compensé par cette effrayante, par cette croissante poussée de l'antisémitisme qu'ils reçoivent tous ensemble. Qu'ils ont constamment à repousser, à réfuter, à rétorquer tous ensemble. Combien n'ai-je point connu de carrières de Juifs, de pauvres gens, fonctionnaires, professeurs, qui ont brisées, qui sont encore brisées, pour toujours, par le double mécanisme suivant : pendant toute la poussée de l'antisémitisme victorieux et gouvernemental on a brisé leur carrière parce qu'ils étaient juifs ; (et les chrétiens parce qu'ils étaient dreyfusistes). Et aussi après pendant toute la poussée du dreyfusisme victorieux mais gouvernemental on a brisé leurs carrière parce qu'on était combiste et qu'avec nous ils étaient demeurés dreyfusistes purs. C'est ainsi, par ce doux mécanisme, qu'ils partagent avec nous, *fraternellement*, une misère double, une double infortune inexpiable.

Dans cette course du monde moderne ils sont comme nous, plus que nous ils sont lourdement, doublement chargés.

Notre Jeunesse

Les antisémites parlent des Juifs. Je préviens que je vais dire une énormité : Les antisémites ne connaissent point les Juifs. Ils en parlent, mais ils ne les connaissent point. Ils en souffrent, évidemment beaucoup, *mais ils ne les connaissent point*. Les antisémites riches connaissent peut-être les Juifs riches. Les antisémites capitalistes connaissent peut-être les capitalistes. Les antisémites d'affaires connaissent peut-être les Juifs d'affaires. Pour la même raison, je ne connais guère que des Juifs pauvres et des Juifs misérables. Il y en a. Il y en a tant que l'on n'en sait pas le nombre. J'en vois partout.

Il ne sera pas dit qu'un chrétien n'aura pas porté témoignage pour eux. Il ne sera pas dit que je n'aurai pas témoigné pour eux. Comme il ne sera pas dit qu'un chrétien ne témoignera pas pour Bernard-Lazare.

Depuis vingt ans je les ai éprouvés, nous nous sommes éprouvés mutuellement. Je les ai trouvés toujours solides au poste, autant que personne, affectueux, solides, d'une tendresse propre, autant que personne, d'un attachement, d'un dévouement, d'une piété inébranlable, d'une fidélité, à toute épreuve, d'une amitié réellement mystique, d'un attachement, d'une fidélité inébranlable à la mystique de l'amitié.

L'argent est tout, domine tout dans le monde moderne à un tel point, si entièrement, si totalement que la séparation sociale horizontale des riches et des pauvres est devenue infiniment plus grave, plus coupante, plus absolue si je puis dire que la séparation, verticale de race des juifs et des chrétiens. La dureté du monde moderne sur les pauvres, contre les pauvres, est devenue si totale, si effrayante, si impie ensemble sur les uns et sur les autres, contre les uns et contre les autres.

Dans le monde moderne les connaissances ne se font, ne se propagent que horizontalement, parmi les riches entre eux, ou parmi les pauvres entre eux. Par couches horizontales.

Pauvre je porterai témoignage pour les Juifs pauvres. Dans la commune pauvreté, dans la misère, commune pendant vingt ans je les ai trouvés d'une sûreté, d'une fidélité, d'un dévouement, d'une solidité, d'un attachement, d'une mystique, d'une piété dans l'amitié inébranlable. Ils y ont d'autant plus de mérite, ils y ont d'autant plus de vertu qu'en même temps, en plus de nous, ils ont sans cesse à lutter contre les accusations, contre les inculpations, contre les calomnies de l'antisémitisme, qui sont précisément toutes les accusations du contraire.

Que voyons-nous ? Car enfin il ne faut parler que de ce que nous voyons, il ne faut dire que ce que nous voyons ; que voyons-nous ? Dans cette galère du monde moderne je les vois qui rament à leur banc autant et plus que d'autres, autant et plus que nous. Autant et plus que nous subissant le sort commun. Dans cet enfer temporel du monde moderne je les vois comme nous, autant et plus que nous, trimant comme nous, éprouvés comme nous. Epuisés comme nous. Surmenés comme nous. Dans les maladies, dans les fatigues, dans la neurasthénie, dans tous les surmenages, dans cet enfer temporel j'en connais des centaines, j'en vois des milliers qui aussi difficilement plus difficilement, plus misérablement que nous gagnent péniblement leur misérable vie.
Dans cet enfer commun.

Des riches il y aurait beaucoup à dire. Je les connais beaucoup moins. Ce que je puis dire, c'est que depuis vingt ans j'ai passé par beaucoup de mains. Le seul de mes créanciers qui se soit conduit avec moi non pas seulement comme un usurier, mais ce qui est un peu plus, comme un créancier, comme un usurier de Balzac, le seul de mes créanciers qui m'ait traité avec une dureté balzacienne, avec la dureté, la cruauté d'un usurier de Balzac n'était point un Juif. C'était un Français, j'ai honte à le dire, on a honte à le dire, c'était hélas un « chrétien », trente fois millionnaire. *Que n'aurait-on pas dit s'il avait été Juif.*

Jusqu'à quel point leurs riches les aident-ils ? Je soupçonne qu'ils les aident un peu plus que les nôtres ne nous aident. Mais enfin il ne faudrait peut-être pas le leur reprocher. C'est ce que je disais à un jeune antisémite, joyeux mais qui m'écoute ; sous une forme que je me permets de trouver saisissante. Je lui disais : *Mais enfin, pensez-y, c'est pas facile d'être Juif*. *Vous leur faites toujours des reproches contradictoires. Quand leurs riches ne les soutiennent pas, quand leurs riches sont durs vous dites* : C'est pas étonnant, ils sont Juifs. *Quand leurs riches les soutiennent, vous dites* : C'est pas étonnant, ils sont Juifs. Ils se soutiennent entre eux. – *Mais, mon ami, les riches chrétiens n'ont qu'à en faire autant. Nous n'empêchons pas les chrétiens riches de nous soutenir entre nous.*

C'est pas facile d'être Juif. Avec vous. Et même sans vous. Quand ils demeurent insensibles aux appels de leurs frères, aux cris des persécutés, aux plaintes, aux lamentations de leurs frères meurtris dans tout le monde vous dites : *C'est des mauvais Juifs*. Et s'ils ouvrent seulement l'oreille aux lamentations qui montent du Danube et du Dniepr vous dites : *Ils nous trahissent. C'est des mauvais Français.*

Ainsi vous les poursuivez, vous les accablez sans cesse de reproches contradictoires. Vous dites : *Leur finance est juive, elle n'est pas française.* – Et la finance française, mon ami, est-ce qu'elle est française.

Est-ce qu'il y a une *finance* qui est française.

Vous les accablez sans cesse de reproches contradictoires. Au fond, ce que vous voudriez, c'est qu'il n'existent pas. Mais cela, c'est une autre question.

Que n'aurait-on pas dit s'il avait été Juif. Ils sont victimes d'une illusion d'optique très fréquente, très connue dans les autres ordres, dans l'ordre de l'optique même. De l'optique propre. Comme on pense toujours à eux, à présent, comme on ne pense qu'à eux, comme l'attention est toujours portée sur eux depuis que la question de l'antisémitisme est soulevée (et sur cette question même de l'antisémitisme il faudrait (en) faire toute une histoire, il faudrait en faire l'histoire, voir comment il vient pour un tiers, d'eux, pour un tiers des antisémites, professionnels, *et pour les deux autres tiers*, comme disait un professeur pour les deux autres tiers de mécanismes), depuis que la question de l'antisémitisme est ainsi posée, comme on ne pense qu'à eux, comme toute l'attention est toujours sur eux, comme ils sont toujours dans le faisceau de lumière, comme ils sont toujours dans le blanc du regard ils sont très exactement victimes de cette illusion d'optique bien connue qui nous fait voir un carré *blanc sur noir* beaucoup plus grand que le même carré *noir sur blanc*, qui paraît tout petit. Tout carré *blanc sur noir* paraît *beaucoup* plus grand que le même carré *noir sur blanc*. Tout ainsi tout acte, toute opération, tout carré *juif sur chrétien* nous paraît, nous le voyons beaucoup plus grand que le même carré *chrétien sur juif*. C'est une pure illusion d'optique historique, d'optique pour ainsi dire géographique et topographique, d'optique politique et sociale qu'il y aura lieu quelque jour d'examiner dans un plus grand détail.

Pour mesurer toute la valeur, toute la grandeur, toute l'amplitude, tout l'angle de cette illusion, pour corriger cet angle d'erreur, pour faire la correction, les corrections nécessaires, pour nous redonner, pour retrouver la ligne, la direction, pour nous redonner, pour retrouver la justice et la justesse, il est un exercice salubre, excellent pour la justice, pour la justesse, pour la bonne santé intellectuelle et morale, excellent pour l'hygiène intellectuelle et mentale, un exercice salutaire, une sorte de gymnastique suédoise de l'esprit, un *Müller* mental. Il consiste à faire la meilleure des preuves, qui est la preuve par le contraire. Est-ce Pesloüan, est-ce moi qui l'avons inventé. Les questions d'origine se perdent toujours dans la nuit des temps. C'est plutôt nous deux. Ce que je sais c'est que nous le pratiquons souvent ensemble, dans nos pourparlers d'expérience. Les résultats sont toujours merveilleux. Il consiste à faire le contraire. C'est un exercice d'assouplissement, de rectification merveilleux. Il consiste à retenir certains faits, nombreux, à mesure qu'ils passent, et à dire, à se demander, de l'auteur, ce que nous venons par exemple de nous demander une fois : *Qu'est-ce qu'on dirait s'il était juif*. Non seulement cet exercice rend toujours, mais on est surpris de voir comme il rend, comme il rectifie. *Combien* il rend. On voit vite alors, on compte aisément que les plus grands scandales et les plus nombreux ne sont point des scandales juifs. Et il s'en faut.

Sans nous livrer délibérément ici à cet exercice, n'est-il pas frappant déjà, au premier abord, que nos grandes hontes, nos hontes nationales, Jaurès, Hervé, Thalamas, ne sont point juives, ne sont point des Juifs. Il est même très remarquable au contraire, une fois que l'on compte ainsi, combien peu de nos hontes sont juives, il est remarquable que parmi les protagonistes de nos hontes nationales il n'y a aucun Juif. *Qu'est-ce que l'on dirait si Jaurès était juif. Qu'est-ce que l'on dirait*, surtout, *si Hervé était juif*. C'est-à-dire, précisément, si un Juif avait été lâche le vingtième de ce que Jaurès l'a été, si un Juif avait dit contre la patrie, française, avait prononcé, contre *notre patrie*, le vingtième des monstruosités que *notre compatriote* Hervé a si superbement sorties, *qu'est-ce qu'on aurait dit*. Et pareillement *qu'est-ce que l'on dirait* si Thalamas était juif.

Pour prendre un exemple d'épisode, tout petit, mais d'autant mieux dessiné peut-être, d'autant mieux caractérisé, d'autant mieux (dé)limité, d'autant plus aisé, plus facile à saisir, qu'est-ce qu'on aurait dit dans un débat récent, dans un monde très spécial, c'eût été M. Bataille qui eût été juif et madame Bernhardt qui ne l'eût pas été.

Dans l'affaire Dreyfus même, sans y revenir, ou plutôt sans y entrer, dans l'État-Major même du dreyfusisme et de l'affaire Dreyfus il est fort notable que ce sont les Juifs, les grands Juifs qui ont encore le moins faibli. L'exemple de M. Joseph Reinach est caractéristique. On peut dire que dans l'affaire Dreyfus, dans l'État-Major de l'affaire Dreyfus et du parti dreyfusiste il représentait en un certain sens, et même pour ainsi dire officiellement, ce que l'on a nommé le parti juif. Dans le parti politique dreyfusiste il représentait pour ainsi dire le parti politique juif. Seul en outre il était d'un volume politique et social, d'un ordre de grandeur au moins égal à celui d'un Jaurès. Or que voyons-nous. Il faut toujours dire ce que l'on voit. Surtout il faut toujours, ce qui est plus difficile, voir ce que l'on voit. Nous voyons que de tout notre État-Major il est le seul qui n'ait point faibli devant les démagogies dreyfusistes, devant les démagogies politiques issues de notre mystique dreyfusiste. Il est le seul notamment qui n'ait pas faibli, qui n'ait pas plié devant la démagogie combiste, devant la démagogie de la tyrannie combiste. Il est le seul nommément, et ceci est d'autant plus remarquable qu'il est par toute sa carrière un homme politique, il est le seul qui un des premiers se soit résolument opposé à la *délation* aux *Droits de l'Homme*, comme on le voit dans le dossier que nous avons constitué en ce temps. Si l'on voulait bien prendre la peine de lire les six ou sept gros volumes de son *Histoire de l'affaire Dreyfus* et si on ne laissait pas au seul M. Sorel tout le soin de les lire, on verrait aussitôt que nul (historien) ne fut aussi sévère que lui pour toutes les démagogies dreyfusistes, issues du dreyfusisme, pour toutes les déviations politiques, pour toutes les dégradations du dreyfusisme. On en est même surpris. Il y a là comme une sorte de stoïcisme politique assez curieux. Et même quelquefois comme une espèce de gageure. On est surpris, et c'est bien le plus grand éloge que je connaisse d'un homme, on est surpris que cet homme politique, riche et puissant, ait eu plusieurs fois les vertus politiques d'un pauvre. *De quel non-Juif pourrait-on en dire autant.*

De Dreyfus même, pour aller au cœur du débat, à l'objet, à la personne même, de Dreyfus il est évident que je n'ai rien voulu dire, que je n'ai rien dit ni rien pu dire qui atteignît l'homme privé. Je me rends bien compte de tout ce qu'il y a de tragique, de fatal dans la vie de cet homme. Mais ce qu'il y a de plus tragique, de plus fatal c'est précisément qu'il n'a pas le droit d'être un homme privé. C'est que nous avons incessamment le droit de lui demander des comptes, le droit, *et le devoir* de lui demander les comptes les plus sévères. Les plus rigoureux.

Autrement je saurais bien tout ce qu'il y a de tragique, de fatal dans la vie privée de cet homme. Ce que je sais de plus touchant de lui est certainement cet attachement profond, presque paternel, qu'il a inspiré à notre vieux maître M. Gabriel Monod. M. Monod me le disait encore aux cahiers il n'y a que quelques semaines. À peine. Dreyfus venait encore d'avoir un deuil, très proche, très douloureux, très *fatal*, dans sa famille. M. Monod nous le rapportait, nous le contait avec des larmes dans la voix. Il nous disait en même temps, ou plutôt il ne nous le disait pas, mais il nous disait beaucoup plus éloquemment que s'il nous l'eût dit, combien il l'aimait, nous assistions un peu surpris, un peu imprévus, un peu dépassés, parce qu'on ne le croit pas, on ne s'y attend pas, à cette affection profonde, à cette affection sentimentale, à cette affection *privée*, à cette affection quasi paternelle, paternelle même qu'il a pour Dreyfus. Nous en étions presque un peu gênés, comme d'une découverte toujours nouvelle, et comme si on nous ouvrait des horizons nouveaux, comme si on nous avait fait entrer dans une famille sans bien nous demander notre avis, un peu inconsidérément, un peu indiscrètement, tant nous avons pris l'habitude de ne vouloir connaître en Dreyfus que l'homme public, de ne vouloir le traiter qu'en homme public, durement comme un homme public. Laissant de côté, non seulement devant une réalité, mais devant une aussi saisissante, aussi tragique, aussi poignante réalité laissant de côté tout l'appareil des méthodes prétendues scientifiques, censément historiques, laissant de côté tout l'appareil des métaphysiques métahistoriques notre vieux maître assis, disait, avec des larmes intérieures : *On dirait qu'il y a une fatalité. On dirait que c'est un homme qui est marqué d'une fatalité. Il ne sort point constamment du malheur. Je viens de le quitter encore.* (Et il nous contait cette dernière entrevue, ce dernier deuil, cette sorte d'embrassement, ce deuil familial, privé). *Je l'ai vu*, nous disait-il, *ce héros, ce grand stoïcien, cette sorte d'âme antique.* (C'est ainsi qu'il parle de Dreyfus, une âme inflexible, un héros, douloureux, mais antique). *Je viens de le voir. Cet homme héroïque, cette âme stoïque, ce stoïcien que j'ai vu impassible et ne jamais pleurer dans les plus grandes épreuves. Je viens de le voir. Il était courbé, il pleurait sur cette mort. Il me disait : « Je crois qu'il y a une fatalité sur moi. Toutes les fois que nous nous attachons à quelqu'un, que nous voyons un peu de bonheur, que nous pourrions un peu commencer d'être heureux, ils meurent. »* Nous étions saisis, dans cette petite boutique, de cette révélation soudaine. *Quand nous pourrions un peu commencer d'être heureux*, n'était-ce point le mot même, le cri d'Israël, plus qu'un symbole, la destination même d'Israël. Et en outre nous voyions passer, venant d'un historien, passant par-dessus un historien, par-dessus les épaules d'un historien, rompant toutes les méthodes, rompant toutes les métaphysiques positivistes, rompant toutes les disciplines modernes, rompant toutes les histoires et toutes les sociologies nous voyions passer les au-delà de l'histoire. L'arrière-pensée, l'arrière-intention, la mystérieuse arrière-inquiétude, arrière-pensée de tant de peuples, des peuples antiques nous était ramenée, la même, intacte, intégrale, toute neuve, nous était reconduite entière par le plus vieux maître vivant de nos historiens modernes, par le plus respecté, par le plus considéré. Et c'était toujours *l'histoire*, plus que l'histoire, *la destination du peuple d'Israël*. L'émotion des autres était décuplée pour moi par cette sorte d'affection presque filiale, par cette sorte de piété secrète que depuis mes années de normalien j'ai toujours gardée pour notre vieux maître. Affection, piété un peu rude, on l'a vu. Mais d'autant plus secrètement profonde. D'autant plus filiale, d'autant plus comme personnelle, d'autant plus jalousement gardée. Je me sentais dans son affection un peu frère en pensée de Dreyfus, frère en affection, et cela me gênait beaucoup. Nous étions là. Nous étions des hommes. Le même souffle nous courbait, qui courba les peuples antiques. Le même problème nous soulevait, qui souleva les peuples antiques. Ce problème, cet anxieux problème de la fatalité, qui se pose pour tout peuple, pour tout homme non livresque. Et associant dans sa pensée dans sa parole, sans même s'en apercevoir, tant c'était naturel, tant on voyait que c'était l'habitude, son habitude, associant l'homme et l'œuvre, le héros et l'histoire, l'objet et l'entreprise, partant déjà il nous disait s'en allant : *Quelle affaire. Quel désastre. Quand on pense à tout ce qui pouvait sortir de bien de cette affaire-là pour la France*. Et en effet on ne savait plus si c'était Dreyfus ou l'affaire Dreyfus qui était malheureuse, qui était fatale, qui était mal douée pour le bonheur, incapable de bonheur, marquée de la fatalité. Car c'étaient bien tous les deux ensemble, inséparablement, inséparément, indivisément, indivisiblement, l'un portant l'autre, l'une dans l'autre. Et déjà il partait, (il était venu acheter une *Antoinette*, dans l'édition des cahiers), et nous nous serrions la main, repartant vers nos travaux différents, vers nos soucis différents, vers nos préoccupations différentes. Et nous nous serrions bien la main comme à un enterrement. Nous étions les parents du défunt. Et même les parents pauvres.

La plus grande fatalité, c'est précisément que cet homme ait été cette affaire, qu'il ait été jeté irrévocablement dans l'action publique, et même la plus publique Il avait peut-être toutes les vertus privées. Il aurait fait sans doute un si bon homme d'affaires. Qu'est-ce qu'il est allé faire capitaine. Qu'est-ce qu'il est allé faire dans les bureaux de l'État-Major. Là est la fatalité. Qu'est-ce qu'il est allé faire dans une réputation, dans une célébrité, dans une gloire mondiale. Victime malgré lui, héros malgré lui, martyr malgré lui. Glorieux malgré lui il a trahi sa gloire. Là est la fatalité. *Invitus invitam adeptus gloriam*. Parce qu'il était devenu capitaine, parce qu'il était entré dans les capitaines, parce qu'il était entré dans les bureaux de l'État-Major cet homme fut contraint de revêtir une charge, une gloire inattendue, une charge, une gloire inexpiable. Mystérieuse destination du peuple d'Israël. Tant d'autres, qui voudraient la gloire, sont forcés de se tenir tranquilles. Et lui, qui voudrait bien se tenir tranquille, il est forcé à la vocation, il est forcé à la charge, il est forcé à la gloire. Là est sa fatalité même. Voilà un homme qui était capitaine. Il pensait monter colonel ou peut-être général. Il est monté Dreyfus. Comment voulez-vous qu'il s'y reconnaisse. Il fallait pourtant qu'il s'y reconnût, il devait pourtant s'y reconnaître. On l'a improvisé pilote, gouverneur, *gubernator* d'un énorme bateau qu'il n'a pas su conduire, qu'il n'a pas su gouverner. Et pourtant il en est responsable. Là est la fatalité. Là est la mystérieuse destination d'Israël. Brusquement revêtu, revêtu malgré lui d'une énorme magistrature, d'une magistrature capitale, de la magistrature de victime, de la magistrature de héros, de la magistrature de martyr il s'en est lamentablement tiré. Et ce qu'il y a de fatal, ce qu'il y a de douloureux, ce qu'il y a de tragique, c'est que nous ne pouvons pas ne pas lui en demander compte.

Celui qui est désigné doit marcher. Celui qui est appelé doit répondre. C'est la loi, c'est la règle, c'est le niveau des vies héroïques, c'est le niveau des vies de sainteté. Investi victime malgré lui, investi héros malgré lui, investi victime malgré lui, investi martyr malgré lui il fut indigne de cette triple investiture. Historiquement, réellement indigne. Insuffisant ; au-dessous ; incapable. Impéritie et incurie. Incapacité profonde. Indigne de ce triple sacre, de cette triple magistrature. Et ce qu'il y a de pire, ce qu'il y a de fatal, ce qu'il y a de plus tragique, c'est qu'à moins d'entrer dans son crime et sous peine de participer de son indignité, de cette indignité même nous ne pouvons pas ne pas lui en demander compte. Quiconque a eu le monde en main, est responsable du monde. Nous ne pouvons pas entrer dans son jeu. Nous n'avons pas le droit d'entrer dans ses raisons, fussent-elles légitimes ; privément légitimes. Et c'est surtout si elles sont légitimes qu'il faut nous en défier. Car elles nous tenteraient. Nous devons tout oublier, le bien que nous savons de lui, l'affection que nous aurions pour lui, que nous serions tentés d'avoir pour lui, la touchante, la paternelle affection de ce vieil homme pour lui ; de ce vieil homme que lui-même nous respectons tant, que nous aimons tant. Nous *devons* tout oublier et nous ne pouvons que lui demander compte. Compte de cette immense bataille qu'ils a perdue. Il s'est trouvé engagé sans le vouloir général en chef, plus que cela, drapeau d'une immense armée dans une immense bataille contre une immense armée. Et il a perdu cette immense bataille. Et nous ne pouvons lui parler que de cela. Nous n'avons le droit que de lui parler de cela. Nous n'avons le droit d'engager, d'accepter de lui, avec lui nulle autre conversation, aucun autre entretien. Nul autre propos.

Nous devons taire, nous devons faire taire tous nos autres sentiments. Il a été constitué un homme public. Il a été constitué un homme de gloire, d'un retentissement universel. Nous ne pouvons que lui demander compte de son action publique, de ses sentiments publics, de ce désastre public. Celui qui perd une bataille, en est responsable. Et il a perdu cette immense bataille. Nous ne pouvons que lui demander compte de tout ce qui était engagé dans cette bataille, dans cette action publique. Nous ne pouvons que lui demander compte des mœurs publiques, de la France *d'Israël même*, de l'humanité dont il fut un moment.

Singulière destinée. Il fut investi, institué malgré lui homme public. Tant d'autres ont voulu devenir hommes publics, et y ont mis le prix, et en ont été implacablement refoulés par l'événement. Il fut investi, institué malgré lui homme de gloire. Tant d'autres ont voulu la gloire, et y ont mis le prix, et en ont été implacablement refoulés par l'événement. Et lui il a eu tout cela. Il a eu tout malgré lui. Il a eu tout ce qu'il ne voulait pas. Mais il faut que celui qui est investi marche.

Tant d'hommes, des milliers et des milliers d'hommes, soldats, poètes, écrivains, artistes hommes d'action, (victimes), héros, martyrs, tant d'hommes, des milliers et des milliers d'hommes ont voulu entrer dans l'action publique, devenir, se faire des hommes publics ; et ils y ont mis le prix. Tant d'hommes ont brigué la gloire, temporelle, des milliers et des milliers d'hommes, et d'être immortel temporellement immortels dans la mémoire des hommes. Et ils y ont mis le prix. Ils y ont mis le génie, l'héroïsme, des efforts sans nombre, des effort effrayants ; des souffrances effrayantes ; des vies entières, et quelles vies, de véritables martyres. Et rien, jamais rien. Et lui, sans rien faire, malgré lui en quelques semaines il est devenu l'homme dont l'humanité entière a le plus retenti, son nom est devenu le nom, il est devenu l'homme dont tout le monde a le plus répété, a le plus célébré le nom depuis la mort de *notre maître Napoléon*. Ce que cent batailles avaient donné à l'autre, il l'a eu malgré lui. Et il n'en était pas plus fier. C'est bien pour cela que nous ne pouvons écrire et parler de lui que comme nous l'avons fait dans les deux premiers tiers de ce cahier.

Cette situation tragique me rappelle un mot de Bernard-Lazare. Il faut toujours en revenir, on en revient toujours à un mot de Bernard-Lazare. Ce mot-ci sera le mot décisif de l'affaire. Puisqu'il vient, puisqu'il porte de son plus grand prophète sur la victime même. Il est donc culminant par son point d'origine et par son point d'arrivée. *Bernard-Lazare, né à Nîmes le 14 juin 1865 ; mort à Paris le premier septembre 1903.* Il avait donc trente-huit ans. Parce qu'un homme porte lorgnon, parce qu'il porte un binocle transverse barrant un pli du nez devant les deux gros yeux, le moderne le croit moderne, le moderne ne sait pas voir, ne voit pas, ne sait pas reconnaître l'antiquité du regard prophète. C'était le temps où quand il rencontrait Maurice Montégut il disait. L'autre avait mal à l'estomac, comme tout le monde, comme tout pauvre mercenaire intellectuel. Et lui aussi il croyait avoir mal à l'estomac comme tout le monde. Il disait à Montégut : *Hein, Montégut*, en riant, car il était profondément gai, intérieurement gai : *Eh bien, Montégut, hein ça va bien avant le déjeuner, quand on n'a rien dans l'estomac. On est léger. On travaille. Mais après. Il ne faudrait jamais manger.* Dreyfus venait de revenir. Dreyfus était rentré et presque instantanément, aux premières démarches, aux premiers pourparlers, au premier contact tout le monde avait eu brusquement l'impression qu'il y avait une paille, que ce n'était pas cela, qu'il était comme il était, et non point comme nous l'avions rêvé. Quelques-uns déjà se plaignaient. Quelques-uns, sourdement, bientôt publiquement l'accusaient. Sourdement, publiquement Bernard-Lazare le défendait. Aprement, obstinément. Tenacement. Avec cet admirable aveuglement volontaire de ceux qui aiment vraiment, avec cet acharnement obstiné invincible avec lequel l'amour défend un être qui a tort, évidemment tort, publiquement tort. – *Je ne sais pas ce qu'ils veulent*, disait-il, riant mais ne riant pas, riant dessus mais dedans ne riant pas, *je ne sais pas ce qu'ils demandent. Je ne sais pas ce qu'ils lui veulent. Parce qu'il a été condamné injustement*, on lui demande tout, *il faudrait qu'il ait toutes les vertus.* Il est innocent, c'est déjà beaucoup.

Non seulement nous fûmes des héros, mais l'affaire Dreyfus au fond ne peut s'expliquer que par ce besoin d'héroïsme qui saisit périodiquement ce peuple, cette race, par un besoin d'héroïsme qui alors nous saisi nous toute une génération. Il en est de ces grands mouvements, de ces grandes épreuves de tout un peuple comme de ces autres grandes épreuves les guerres. Ou plutôt il n'y a pour les peuples qu'une sorte de grandes épreuves temporelles, qui sont les guerres, et ces grandes é preuves-ci sont elles-mêmes des guerres. Dans toutes ces grandes épreuves, dans toutes ces grandes histoires c'est beaucoup plutôt la force intérieure, la violence d'éruption qui fait la matière, historique, que ce n'est la matière qui fait et qui impose l'épreuve. Quand une grande guerre éclate, une grande révolution, cette sorte de guerre, c'est qu'un grand peuple, une grande race a besoin de sortir ; qu'elle en a assez ; notamment qu'elle en a assez de la paix. C'est toujours qu'une grande masse éprouve un violent besoin, un grand, un profond besoin, un besoin mystérieux d'un grand mouvement. Si le peuple, si la race, si la masse française eût eu envie d'une grande guerre il y a quarante ans, cette misérable, cette malheureuse guerre elle-même de 1870, si mal commencée, si mal engagée qu'elle fût, fût devenue une grande guerre, comme les autres, et en mars 1871 elle n'eut fait que commencer. Une grande histoire, je dis une grande histoire militaire comme ces guerres de la Révolution et de l'Empire ne s'explique aucunement que par ceci : un saisissement de besoin, un très profond besoin de gloire,

Notre Jeunesse

de guerre, d'histoire qui à un moment donné saisit tout un peuple, toute une race, et lui fait faire une explosion, une éruption. Un mystérieux besoin d'une inscription. Historique. Un mystérieux besoin d'une sorte de fécondité historique. Un mystérieux besoin d'inscrire une grande histoire dans l'histoire éternelle Toute autre explication est vaine, raisonnable, rationnelle, inféconde, irréelle. De même notre affaire Dreyfus ne peut s'expliquer que par un besoin, le même, par un besoin d'héroïsme qui saisit toute une génération, la nôtre, par un besoin de guerre, de guerre *militaire*, et de gloire militaire, par un besoin de sacrifice et jusque de martyre, peut-être, (sans doute), par un besoin de sainteté. Ce que nos adversaires n'ont pu voir que en face, de l'autre côté, de face, ce qu'ils n'ont pu recevoir que en creux, ce que nos chefs mêmes ont toujours ignoré, c'est à quel point nous marchâmes comme une armée, militaire. Comment tant d'espérance, tant d'entreprise a été brisée sans obtenir, sans : effectuer une inscription historique, c'est précisément ce que j'ai essayé non pas seulement d'expliquer, mais de représenter *à nos amis* et *à nos abonnés* dans un cahier de l'année dernière sensiblement à la même date. Que si nous avons été, une fois de plus, une armée de lions conduite par des ânes, c'est alors que nous sommes demeurés, très exactement, dans la plus pure tradition française.

Nous avons été grands. Nous avons été très grands. Aujourd'hui ceux dont je parle, nous sommes des gens qui gagnons pauvrement, misérablement, miséreusement notre vie. Mais ce que je ne vois pas, ce soit que les Juifs pauvres, ici encore, se séparent de nous, qu'ils gagnent leur vie en un tour de main, qu'ils n'aient, point de mal, qu'ils aient moins de mal que nous à gagner leur vie. Peut-être au contraire, car s'ils se soutiennent un peu entre eux, moins qu'on ne le croit moins qu'on ne le dit, et quelquefois ils se combattent et se trahissent, en revanche ils se heurtent à un antisémitisme aujourd'hui revenu, aujourd'hui croissant. Ce que je vois, c'est que juifs et chrétiens ensemble, juifs pauvres et chrétiens pauvres, nous gagnons notre vie comme nous pouvons, généralement mal, dans cette chienne de vie, dans cette chienne, dans cette gueuse de société moderne.

Mais dans cette misère même, et à cause de cette misère même, nous voulons avoir été grands, nous voulons avoir été très grands. Justement parce que nous n'aurons jamais une inscription historique. Si nous avions comme tant d'autres une inscription historique, si nous avions comme quelques-uns une grande inscription historique, si seulement nous avions une inscription historique assez mesurée à notre effort, à notre intention, à ce que nous fûmes en réalité, alors nous saurions la payer le prix, alors nous aurions mauvaise grâce à insister sur la considération qui nous est due. Nous sommes si attachés, nous mettons un tel prix à l'enregistrement historique dans la mémoire temporelle de l'humanité que la considération de l'histoire nous dispenserait de toute autre considération. Et nous y gagnerions encore. Nous croirions encore y gagner. Mais justement parce que nous sommes pauvres, pauvres de biens et pauvres d'histoire, justement parce que nous avons sur nous le mépris et la méconnaissance des riches, et de cette grande riche d'histoire, il faut qu'il soit bien entendu pour nous et entre nous que nous savons que nous fûmes très grands. Nous pouvons ne pas le dire aux autres, nous savons que les autres, s'ils veulent, n'ont pas à s'occuper de nous, nous pouvons ne pas le dire à l'histoire, nous savons que l'histoire, si elle veut, n'a pas à s'occuper de nous. Mais si nous ne le disons pas entre nous, et dans le secret de nos propos, c'est parce qu'il est bien entendu que nous le savons. Et surtout nous n'avons pas à dire le contraire et aux autres et à l'histoire.

Nous voulons bien avoir été bernés, mais nous voulons avoir été grands.

Voilà, cher Halévy, à quel point nous en sommes ; voilà, mon cher Halévy, ce que je nomme un examen de conscience. Voilà ce que je nomme exprimer des regrets, faire des (mes) excuses. Voilà ce que je nomme une amende honorable, faire amende honorable. M'infliger un désaveu. C'est ce que je nomme être timoré. C'est ma manière d'être timoré. C'est comme ça que je porte la chemise longue, et la corde au cou, la corde de chanvre. C'est comme ça que je tiens mon cierge. On parle toujours comme si dans une société d'ordre nous étions venus introduire un désordre. Arbitrairement. Gratuitement. Mais il faut tout de même voir qu'il y a des ordres apparents qui recouvrent, qui sont les pires désordres. Nous retrouvons ici ce que nous avons dit de l'égoïsme des riches dans le monde moderne, de la classe riche, de l'égoïsme bourgeois. Cet égoïsme porte sur leur entendement même. Sur leur vue. Même sur leur vue politique du monde politique. Il y avait un ordre sous Méline. C'était un ordre pourri, un ordre mou, un ordre apparent, un ordre purement bourgeois. Notre collaborateur Halévy l'a très bien marqué, c'était un ordre comme sous Louis-Philippe, comme sous Guizot, comme dans les huit, dix, douze dernières années de Louis-Philippe. Un ordre de surface, (comme aujourd'hui d'ailleurs), un ordre gangrené, mortifère, mort, une chair morte, (comme aujourd'hui). De toute façon une crise venait, comme elle vient aujourd'hui.

Un ordre mortel pour la fécondité, pour les intérêt profonds, pour les intérêts durables de la race et du peuple, de la patrie.

En réalité la véritable situation des gens que nous avions devant nous était pendant longtemps non pas de dire et de croire Dreyfus coupable, mais de croire et dire qu'innocent ou coupable on ne troublait pas, on ne bouleversait pas, on ne *compromettait* pas, on ne risquait pas pour un homme, pour un seul homme, la vie et le salut d'un peuple, l'énorme salut de tout un peuple. On sous-entendait : le salut *temporel*. Et précisément notre mystique chrétienne culminait si parfaitement, si exactement avec notre mystique française, avec notre mystique patriotique dans notre mystique dreyfusiste que ce qu'il faut bien voir, et ce que je dirai, ce que je mettrai dans mes confessions, *c'est que nous ne nous placions pas moins qu'au point de vue 'du salut éternel de la France'*. Que disions-nous en effet ? Tout était contre nous, la sagesse et la loi, j'entends la sagesse humaine, la loi humaine. Ce que nous faisions était de l'ordre de la folie ou de l'ordre de la sainteté, qui ont tant de ressemblances, tant de secrets accords, pour la sagesse humaine, pour un regard humain. Nous allions, nous étions contre la sagesse, contre la loi. Contre la sagesse humaine, contre la loi humaine. Voici ce que je veux dire. Qu'est-ce que nous disions en effet. Les autres disaient : Un peuple, tout un peuple est un énorme assemblage des intérêts, des droits les plus légitimes. Les plus sacrés. Des milliers, des millions de vies en dépendent, dans le présent, dans le passé, (dans le futur), des milliers, des millions, des centaines de millions de vies, le constituent, dans le présent, dans le passé, (dans le futur), (des millions de mémoires), et par le jeu de l'histoire, par le dépôt de l'histoire la garde d'intérêts incalculables. De droits légitimes, sacrés, incalculables. Tout un peuple d'hommes, tout un peuple de familles ; tout un peuple de droits, tout un peuple d'intérêts, légitimes ; tout un peuple de vies ; toute une race ; tout un peuple de mémoires ; toute l'histoire, toute la montée, toute la poussée, tout le passé, tout le futur, toute la promesse d'un peuple et d'une race ; tout ce qui est inestimable, incalculable, d'un prix infini, parce que ça ne se fait qu'une fois, parce que ça ne s'obtient qu'une fois, parce que ça ne se recommencera jamais ; parce que c'est une réussite, unique ; un peuple, et notamment nommément ce peuple-ci, qui est d'un prix unique ; ce vieux peuple ; un peuple n'a pas le droit, et le premier devoir, le devoir étroit d'un peuple est de ne pas exposer tout cela, de ne pas s'exposer pour un homme, quel qu'il soit, quelque légitimes que soient ses intérêts ou ses droits. Quelque sacrés même. Un peuple n'a jamais le droit. On ne perd point une cité, un cité ne se perd point pour un (seul) citoyen. C'était le langage même et du véritable civisme et de sagesse, c'était la sagesse même, la sagesse antique. C'était le langage de la raison. À ce point de vue il était évident que Dreyfus devait se dévouer pour la France ; non pas seulement pour le repos de la France mais pour le salut même de la France, qu'il exposait. Et s'il ne voulait pas se dévouer lui-même, dans le besoin on devait le dévouer. Et nous que disions-nous. Nous disions une seule injustice, un seul crime, une seule illégalité, surtout si elle est officiellement enregistrée, confirmée, une seule injure à l'humanité, une seule injure à la justice, et au droit surtout si elle est universellement, légalement, nationalement, commodément acceptée, un seul crime rompt et suffit à rompre tout le pacte social, tout le contrat social, une seule forfaiture, un seul déshonneur suffit à perdre, d'honneur, à déshonorer tout un peuple. C'est un point de gangrène, qui corrompt tout le corps. Ce que nous défendons, ce n'est pas seulement notre honneur. Ce n'est pas seulement l'honneur de tout notre peuple, dans le présent, c'est l'honneur historique de notre peuple, tout l'honneur historique de toute notre race, l'honneur de nos aïeux, l'honneur de nos enfants. Et plus nous avons de passé, plus nous avons de mémoire, (plus ainsi, comme vous le dites, nous avons de responsabilité), plus ainsi aussi ici nous devons la défendre ainsi. Plus nous avons de passé derrière nous, plus (justement) il nous faut le défendre ainsi, le garder pur. *Je rendrai mon sang pur comme je l'ai reçu.* C'était la règle et l'honneur et la poussée cornélienne, la vieille poussée cornélienne. C'était la règle et l'honneur et la poussée chrétienne. Une seule tache entache toute une famille. Elle entache aussi tout un peuple. Un seul point marque l'honneur de toute une famille. Un seul point marque aussi l'honneur de tout un peuple. Un peuple ne peut pas rester sur une injure, subie, exercée, sur un crime, aussi solennellement, aussi définitivement endossé. L'honneur d'un peuple est d'un seul tenant.

Qu'est-ce à dire, à moins de ne pas savoir un mot de français, sinon que nos adversaires parlaient le langage de la raison d'État, qui n'est pas seulement le langage de la raison politique et parlementaire, du méprisable intérêt politique et parlementaire, mais beaucoup plus exactement, beaucoup plus haut qui est le langage, le très respectable langage de la continuité, de la continuation temporelle du peuple et de la race, *du salut temporel du peuple et de la race*. Ils n'allaient pas à moins. Et nous par un mouvement chrétien profond, par une poussée très profonde révolutionnaire et ensemble traditionnelle de christianisme, suivant en ceci une tradition chrétienne des plus profondes, des plus vivaces, des plus dans la ligne, dans l'axe et au cœur du christianisme, nous nous n'allions pas à moins qu'à nous élever je ne dis pas (jusqu')à la conception mais à la passion, mais au souci d'un salut éternel, du salut éternel de ce peuple, nous n'atteignions pas à moins qu'à vivre dans un souci constant, dans une préoccupation, dans une angoisse mortelle, éternelle, dans une anxiété constante du salut éternel de notre peuple, du salut éternel de notre race. Tout au fond nous étions les : hommes du salut éternel et nos adversaires étaient les hommes du salut temporel. Voilà la vraie, la réelle, division de l'affaire Dreyfus. Tout au fond nous ne voulions pas que la France fût constituée en état de péché mortel. Il n'y a que la doctrine chrétienne au monde, dans le monde moderne, dans aucun monde ; qui mette à ce point, aussi délibérément, aussi totalement, aussi absolument la mort temporelle comme rien, comme une insignifiance, comme un zéro au prix de la mort éternelle, et le risque de la mort temporelle comme rien au prix du péché mortel, au prix du risque de la mort éternelle. Tout au fond nous ne voulions pas que par un seul péché, mortel, complaisamment accepté, complaisamment endossé, complaisamment acquis pour ainsi dire notre France fût non pas seulement déshonorée devant le monde et devant l'histoire : qu'elle fût proprement constituée en état de péché mortel. Un jour, au point le plus douloureux de cette crise, un ami vint me voir, qui fortuitement passait par Paris. Un ami qui était chrétien. – Je ne connais pas cette affaire, me dit-il. Je vis dans le fond de ma province. J'ai assez de mal à gagner ma vie. Je ne connais rien de cette affaire. Je ne soupçonnais pas l'état où je trouve Paris. Mais enfin on ne peut pas sacrifier tout un peuple pour un homme. Je n'eus rien à lui répondre que de prendre un livre dans mon armoire, un petit livre cartonné, une petite édition Hachette – 27. lui dis-je. *« Or vous demant-je, fist-il, lequel vous ameriés miex, ou que vous fussiés mesiaus, (mesiaus, c'est lépreux), ou que vous eussiés fait un pechié mortel ? » Et je, qui onques ne li menti, li respondi que je en ameroie miex avoir fait trente que estre mesiaus. Et quant li frere s'en furent parti, (c'étaient deux frères qu'il avait appelés), il m'appela tout seul, et me fist seoir à ses piez et me dist : « Comment me deistes-vous hier ce ? » Et je li diz que encore li disoie-je. Et il me dist : « Vous deistes comme hastis musarz ; car vous devez savoir que nulle si laide mezelerie n'est comme d'estre en pechié mortel, pour ce que l'ame qui est en pechié mortel est semblable au dyable : par quoy nulle si laide meselerie ne puet estre.* [avec rappel « en début de chaque ligne]

28. – « Et bien est voirs que quant li hom meurt, il est gueris de la meselerie dou cors ; mais quant li hom qui a fait le pechié mortel meurt, il ne sait pas ne n'est certeins que il ait eu en sa vie tel repentance que Diex li ait pardonnei : par quoy grant poour doit avoir que celle mezelerie li dure tant comme Diex yert en paradis. Si vous pri, fist-il, tant comme je puis, que vous metés votre cuer à ce, pour l'amour de Dieu et de moy, que vous amissiez miex que touz meschiez avenist au cors, de mezelerie et de toute maladie, que ce que li pechiés mortex venist à l'ame de vous. » On voit que si pour une présentation, dans une présentation récente, je me référais à ce grand chroniqueur ; à ce grand chroniqueur d'un autre grand saint ; et d'un autre grand saint français, j'avais pour le faire de multiples autorités de raison.

  Mais tel est le jeu des partis. Les partis politiques, les partis parlementaires, tous les partis politiques ne peuvent tenir aucun propos que dans le langage politique, parlementaire, ils ne peuvent engager, soutenir aucune action que sur le terrain, sur le plan politique, parlementaire. Et surtout, et en outre, et naturellement ils veulent que nous en fassions autant. Que nous soyons constamment avec eux, parmi eux. De tout ce que nous faisons, de tout ce qui fait la vie et la force d'un peuple, de nos actes et de nos œuvres, de nos opérations et de nos conduites, de nos âmes et de nos vies ils effectuent incessamment, automatiquement, presque innocemment une traduction en langage politique, parlementaire, une réduction, un rabattement, une projection, un report sur le plan politique, parlementaire. Ainsi ils n'y entendent, ; n'y comprennent rien, et ils empêchent les autres de rien comprendre. Ils nous déforment, ils nous dénaturent incessamment et en eux-mêmes dans leur propre imagination et auprès de ceux qui les suivent, de ceux qui en sont, dans les imaginations de ceux qui les suivent. Tout ce que nous disons, tout ce que nous faisons, ils le traduisent, ils le trahissent. *Traducunt. Tradunt.* On ne sait jamais s'ils vous font plus de tort, s'ils vous dénaturent plus quand ils vous combattent ou quand ils vous soutiennent, quand ils vous combattent ou quand ils vous adoptent, car quand ils vous combattent ils vous combattent en langage politique sur le plan politique et quand ils vous soutiennent, c'est peut-être pire, car ils vous soutiennent, ils vous adoptent en langage politique sur le plan politique. Et dans ces tiraillements contraires ils ont également et contrairement tort, ils sont également et contrairement insuffisants. Ils sont également et contrairement, des dénaturants. Ils ne présentent, ils ne se représentent, ils ne conçoivent également et contrairement qu'une vie diminuée, une vie dénaturée. Un fantôme, un squelette, un plan, une projection de vie. Quand ils sont contre vous, ils vous combattent et vous feraient un tort mortel. Quand ils sont pour vous, et qu'ils croient que vous êtes pour eux, ils vous accaparent et vous font certainement un tort mortel. Ils veulent alors vous endosser, et qu'on les endosse. Ils vous protègent. Quand ils vous combattent, ils combattent vos mystiques par des bassesses politiques, par de basses politiques. Quand ils vous soutiennent ils traduisent, ce qui est infiniment pire, ils traduisent vos mystiques par des bassesses politiques par de basses politiques. Et ce que nous avons fait pour nos mystiques, l'ayant interprété pour leurs politiques, pour les politiques correspondantes, pour les politiques issues, c'est là-dessus précisément qu'ils se fondent, c'est là-dessus qu'ils arguënt pour nous lier à leurs politiques, à ces politiques, pour nous interdire les autres mystiques, transférant ainsi, transférant arbitrairement dans le monde des mystiques des oppositions, des contrariétés qui n'existent, qui ne se produisent, qui ne jouent que sur le plan politique.

C'est ainsi que les partis vous récompensent de ce que vous avez fait pour eux dans les moments où ils étaient en danger ; je veux dire de ce que vous avez fait pour les mystiques dont ils sont issus, pour les mystiques dont ils vivent, pour les mystiques qu'ils exploitent, qu'ils parasitent. C'est de cela précisément qu'ils prennent barre, qu'ils veulent prendre barre sur vous, c'est partant de cela qu'ils veulent vous lier à leurs politiques, vous interdire les autres mystiques.

Parce que depuis la dégradation de la mystique dreyfusiste en politique dreyfusiste, remontant tous les courants de toutes les puissances, remontant des épaules toutes les puissances de tyrannie, toutes les démagogies de tous nos amis (politiques) nous avons risqué, nous avons éprouvé quinze ans de misère pour la défense des libertés privées, des libertés profondes, des libertés chrétiennes, pour la défense des consciences chrétiennes, pour nous récompenser les politiques, les politiciens réactionnaires nous interdisaient volontiers d'être républicains. Et parce que nous avons mis non pas comme ces ouvriers des semaines et des mois mais quinze années de misère au service de la République, pour nous récompenser les politiques, les politiciens républicains nous interdiraient volontiers d'être chrétiens. Ainsi la République serait le régime de la liberté de conscience pour tout le monde, excepté précisément pour nous, précisément pour nous récompenser de ce que nous l'avons quinze ans défendue, de ce que nous la défendons, de ce que nous la défendrons encore. Pour nous récompenser d'avoir mis quinze ans de misère au service de la République, d'avoir défendu, d'avoir sauvé un régime qui est le régime de la liberté de conscience, on accorderait la liberté de conscience à tout le monde, excepté seulement à nous. Nous nous passerons de la permission ne ces messieurs. Nous ne vivons pas, nous ne nous mouvons pas sur le même plan qu'eux. Leurs débats ne sont pas les nôtres. Les douloureux débats que nous avons, que nous soutenons parfois n'ont rien de commun avec leurs faciles, avec leurs superficielles polémiques.

La République serait le régime de la liberté de conscience pour tout le monde, excepté précisément pour les républicains.

Nous demanderons à ces messieurs la permission de nous passer de leur permission. Nos cahiers sont devenus, non point par le hasard, mais ils se sont constitués par une lente élaboration, par de puissantes, par de secrètes affinités, par une sorte de longue évaporation de la politique, comme une compagnie parfaitement libre d'hommes qui tous croient à quelque chose, à commencer par la typographie, qui est un des plus beaux art et métier. Malgré les partis, malgré les (hommes) politiques, malgré les politiciens contraires, (contraires à nous, contraires entre eux), c'est cela que nous resterons.

Voilà, mon cher Variot, quelques-uns des propos que j'eusse tenus aux cahiers le jeudi, si on y parlait moins haut, et si on m'y laissait quelquefois la parole. Dans ces cahiers de M. Milliet vous trouverez ce que c'était que cette mystique républicaine. Et vous monsieur qui me demandez qu'il faudrait bien définir un peu par voie de raison démonstrative, par voie de raisonnement de raison ratiocinante ce que c'est que mystique, et ce que c'est que politique, *quid sit mysticum, et quid politicum*, la mystique républicaine, c'était quand on mourait pour la République, la politique républicaine, c'est à présent qu'on en vit. Vous comprenez, n'est-ce pas.

Les papiers de M. Milliet que nous publierons donneront

immédiatement l'impression d'avoir eux-mêmes été choisis d'un monceau énorme de papiers. On ne peut naturellement tout donner. À partir du moment où M. Milliet m'apporta les premiers paquets de sa copie, un grand débat s'éleva entre nous. Il voulait toujours, par discrétion, en supprimer. Mais j'ai toujours tout gardé, parce que c'était le meilleur. On en avait assez supprimé pour passer des textes à la copie, pour constituer la copie elle-même. – Cette lettre est trop intime, disait-il. – C'est précisément parce qu'elle est intime que je la garde. Il avait marqué au crayon les passages qu'il pensait que l'on pouvait supprimer. J'achetai une gomme exprès pour effacer son crayon. Il voulait s'effacer. Je lui dis : Paraissez au contraire. Un homme qui ne se propose plus que de se rappeler exactement, fidèlement, réellement sa vie et de la représenter est, devient lui-même le meilleur des papiers, le meilleur des monuments, le meilleur des témoins ; le meilleur des textes ; il apporte infiniment plus que le meilleur des papiers ; il est infiniment plus que le meilleur des papiers ; il apporte, à infiniment près, le meilleur des témoignages.

Vous remarquerez, Variot, vous entendrez le ton de ces mémoires. C'est le ton même du temps. Je ne serais pas surpris qu'un imbécile, et qui manquerait du sens historique trouvât ce ton un peu ridicule. Il est passé Ces hommes, qui avaient ce ton, ont fait de grandes choses. Et nous ?

Le civisme aussi paraît aujourd'hui ridicule. Civique est un adjectif aujourd'hui qui se porte très mal. Il sonne en *ique*. *Civique* a l'air de rimer avec *bourrique* et avec *atavique*. Et même avec *ataxique*. Que des vieillards, que des malades, que des mourants se fissent (trans)porter aux urnes, évidemment ce n'est pas les cuirassiers de Morsbronn. Pourtant tous ceux qui ont vu Coppée se faire porter mourant à l'Académie pour assurer l'élection de M. Richepin ont trouvé que c'était très grand.

La seule valeur, la seule force du royalisme, mon cher Variot, la seule force d'une monarchie traditionnelle, c'est que le roi est plus ou moins aimé. La seule force de la République, c'est que la

République est plus ou moins aimée. La seule force, la seule valeur, la seule dignité de tout, c'est d'être aimé. Que tant d'hommes aient tant vécu et tant souffert pour la République, qu'ils aient tant cru en elle, qu'ils soient tant morts pour elle, que pour elle ils aient supporté tant d'épreuves, souvent extrêmes, voilà ce qui compte, voilà ce qui m'intéresse, voilà ce qui existe. Voilà ce qui fonde, voilà ce qui fait la légitimité d'un régime. Quand je trouve dans *l'Action française* tant de dérisions et tant de sarcasmes, souvent tant d'injures, j'en suis peiné, car il s'agit d'hommes qui veulent restaurer, restituer les plus anciennes dignités de notre race et on ne fonde, on ne refonde aucune culture sur la dérision et la dérision et le sarcasme et l'injure sont des barbaries. Ils sont même des barbarismes. On ne fonde, on ne refonde, on ne restaure, on ne restitue rien sur la dérision. Des calembours ne font pas une restitution de culture. J'avoue que je n'arrive point à comprendre tout ce que l'on met, tout ce qu'ils y a évidemment d'esprit dans cette graphie des *Respubliquains* que l'on nous répète à satiété. Cela me paraît un peu du même ordre que les sots de l'autre côté qui écrivent toujours *le roy*. Avec un *y*. Cet *s* et ce *qu* me paraissent du même alphabet que cet *y*. J'ai peur qu'ils ne soit presque également sot de se moquer de l'un et de l'autre. Le roi a pour lui toute la majesté de la tradition française. La République a pour elle toute la grandeur de la tradition républicaine. Si on met cet *s* à *Respubliquains* on ne fait rien, on ne peut rien faire que de lui conférer un peu de la majesté romaine. Je suis plongé en ce moment-ci, pour des raisons particulières, dans le *de Viris*. J'avoue que *respublica* y est un mot d'une grandeur extraordinaire. D'une amplitude, d'une voûte romaine. Quant au changement de *c* en *qu* au féminin de *public* en *publique*, il ne me paraît pas plus déshonorant que le féminin de *Turc* en *Turque*, et de *Grec* en *Grecque*, et de *sec* en *sèche* comme la grammaire (française) nous l'enseigne. On a le féminin qu'on peut. Quand je trouve dans *l'Action française*, dans Maurras des raisonnements, des logiques d'une rigueur implacable, des explications impeccables, invincibles comme quoi la royauté vaut mieux que la république, et la monarchie que la république, et surtout le royalisme mieux que le républicanisme et le monarchisme mieux que le républicanisme, j'avoue que si je voulais parler grossièrement je dirais que ça ne prend pas. On pense ce que je veux dire. Ça ne prend pas comme un mordant prend ou ne prend pas sur un vernis. Ça n'entre pas. Des explications, toute notre éducation, toute notre formation intellectuelle, universitaire, scolaire nous a tellement appris à en donner, à en faire, des explications et des explications, que nous en sommes saturés. Au besoin nous ferions les siennes. Nous allons au-devant des siennes, et c'est précisément ce qui les émousse pour nous. Nous sortons d'en prendre. Nous savons y faire. Dans le besoin nous les ferions. Mais qu'au courant de la plume, et peut-être, sans doute sans qu'il y ait pensé dans un article de Maurras je trouve, comme il arrive, non point comme un argument, présentée comme un argument, mais comme oubliée au contraire cette simple phrase : *Nous serions prêts à mourir pour le roi, pour le rétablissement de notre roi*, oh alors on me dit quelque chose, alors on commence à causer. Sachant, d'un tel homme, que c'est vrai comme il le dit, alors j'écoute, alors j'entends, alors je m'arrête, alors je suis saisi, alors on me dit quelque chose. Et l'autre jour aux cahiers, cet autre jeudi, quand on eut discuté bien abondamment, quand on eut commis bien abondamment ce péché de l'explication, quand tout à coup Michel Arnauld, un peu comme exaspéré, un peu comme à bout, de cette voix grave et sereine, douce et profonde, blonde, légèrement voilée, sérieuse, soucieuse comme tout le monde, à peine railleuse et prête au combat que nous lui connaissons, que nous aimons en lui depuis dix-huit ans, interrompit, conclut presque brusquement : *Tout cela c'est très bien parce qu'ils ne sont qu'une menace imprécise et théorique. Mais le jour où ils deviendraient une menace réelle ils verraient ce que nous sommes encore capables de faire pour la République*, tout le monde comprit qu'enfin on venait de dire quelque chose.

ISBN : 978-3-98881-443-2

www.ingramcontent.com/pod-product-compliance
Lightning Source LLC
LaVergne TN
LVHW011047100526
838202LV00078B/3724